装备智能化保障体系混合建模与仿真

寇 力 ◎ 主编　黄亚东　刘 义　成 曦 ◎ 副主编

清华大学出版社
北京

内 容 简 介

随着人工智能技术的不断发展,在战场上智能化装备应用越来越广泛,智能化要素也将逐步成为战争制胜的主导因素。对于装备保障而言,智能化保障也成为新的研究热点,是武器装备形成智能化作战体系的重要保障。然而,依靠理论研究或实际调整兵力编配来优化装备智能化保障体系费时耗力,依靠计算机建模和仿真的方法,可大幅提高效率和节约经费。本书主要研究了装备智能化保障体系及其混合建模与仿真的方法,为未来智能化作战研究提供了新的思路。

本书封面贴有清华大学出版社防伪标签,无标签者不得销售。
版权所有,侵权必究。举报: 010-62782989,beiqinquan@tup.tsinghua.edu.cn。

图书在版编目(CIP)数据

装备智能化保障体系混合建模与仿真/寇力主编. —北京: 清华大学出版社,2023.12
ISBN 978-7-302-62557-5

Ⅰ. ①装… Ⅱ. ①寇… Ⅲ. ①装备保障－系统建模－研究 Ⅳ. ①E145.6

中国国家版本馆 CIP 数据核字(2023)第 022733 号

责任编辑: 赵　凯
封面设计: 刘　建
责任校对: 韩天竹
责任印制: 宋　林

出版发行: 清华大学出版社
网　　址: https://www.tup.com.cn,https://www.wqxuetang.com
地　　址: 北京清华大学学研大厦 A 座
邮　编: 100084
社 总 机: 010-83470000
邮　购: 010-62786544
投稿与读者服务: 010-62776969,c-service@tup.tsinghua.edu.cn
质量反馈: 010-62772015,zhiliang@tup.tsinghua.edu.cn
课件下载: https://www.tup.com.cn,010-83470236

印 装 者: 三河市铭诚印务有限公司
经　　销: 全国新华书店
开　　本: 186mm×240mm　　印　张: 12　　字　数: 186 千字
版　　次: 2023 年 12 月第 1 版　　印　次: 2023 年 12 月第 1 次印刷
印　　数: 1～1500
定　　价: 109.00 元

产品编号: 096868-01

前 言
PREFACE

从古至今,装备保障都是保证武器装备形成战斗力的重要因素。随着人工智能技术的迅速发展与广泛应用,智能化保障体系也将成为交战双方力量对抗的焦点。由于装备智能化保障体系具有规模大、领域宽、难还原以及"涌现"等复杂系统的特点,使得传统的归纳法或单一的建模与仿真方法难以对其全面描述与分析。因此,针对此问题,本书对面向装备智能化保障体系的分布式混合建模与仿真方法开展了研究。

(1) 针对现有集成建模方法难以直接应用于分布式混合仿真的问题,研究装备智能化保障体系,分析其组成要素、核心功能、体系架构和运行模式,提出了面向装备智能化保障体系的集成建模框架和三维(生命周期维、抽象层次维、视图维)混合建模方法,为复杂体系建模与仿真提供了新手段。

(2) 针对单一仿真方法难以同时满足装备智能化保障体系仿真要求的问题,研究基于离散事件和多智能体的装备智能化保障体系混合仿真方法,提出分布式混合仿真体系结构,从分布式混合仿真统一模型描述、时间管理和数据分发管理的角度研究分布式混合仿真的关键技术,构建分布式混合仿真引擎架构。

(3) 针对分布式混合仿真时间同步中冗余消息过多的问题,研究基于乐观和保守策略的仿真时间同步算法,给出基于乐观和保守策略混合的时间同步策略;针对分布式混合仿真事件调度效率过低的问题,提出基于优化自平衡二叉树的仿真事件调度方法,通过理论分析和实验对比证明该算法相比其他同类算法较大提升了仿真性能。

（4）针对分布式混合仿真数据分发中兴趣匹配精确度差,事件遗漏的问题,研究基于数据分发服务(Data Distribution Service,DDS)的数据分发机制,提出基于DDS的数据分发方法和基于区域时空交点预测的精确兴趣匹配算法,减少仿真实体间的无关消息传输。通过实验证明,相比其他同类算法提高了匹配精度,降低了消息漏发的概率。

（5）利用本书提出的混合建模方法构建装备智能化保障体系的三维混合模型,提出装备智能化保障体系分布式混合仿真原型系统体系架构,设计并实现了原型系统,通过案例验证了分布式混合建模与仿真方法的有效性和适用性。

目 录
CONTENTS

第 1 章　绪 论　　　　　　　　　　　　　　　　　　　　　1

　　1.1　研究背景　　　　　　　　　　　　　　　　　　　　1
　　1.2　发展历程　　　　　　　　　　　　　　　　　　　　5
　　1.3　研究现状　　　　　　　　　　　　　　　　　　　　7

第 2 章　装备智能化保障体系概述　　　　　　　　　　　　9

　　2.1　引言　　　　　　　　　　　　　　　　　　　　　　9
　　2.2　作战需求　　　　　　　　　　　　　　　　　　　　10
　　2.3　装备智能化保障体系的组成要素　　　　　　　　　　12
　　2.4　装备智能化保障体系的主要特点　　　　　　　　　　14
　　2.5　装备智能化保障体系的核心功能　　　　　　　　　　15
　　2.6　装备智能化保障体系的运行模式　　　　　　　　　　17
　　2.7　体系架构　　　　　　　　　　　　　　　　　　　　20
　　　　2.7.1　描述标准　　　　　　　　　　　　　　　　　20
　　　　2.7.2　构建过程　　　　　　　　　　　　　　　　　23
　　2.8　小结　　　　　　　　　　　　　　　　　　　　　　27

第 3 章　装备智能化保障体系混合集成建模　　　　　　　　28

　　3.1　引言　　　　　　　　　　　　　　　　　　　　　　28

- 3.2 研究现状 ... 29
  - 3.2.1 基于多视图的建模框架 ... 29
  - 3.2.2 基于复杂网络的建模方法 ... 30
  - 3.2.3 基于层次化的建模方法 ... 30
  - 3.2.4 基于实体的建模方法 ... 31
- 3.3 装备智能化保障体系的混合集成建模框架 ... 33
  - 3.3.1 生命周期维 ... 34
  - 3.3.2 抽象层次维 ... 37
  - 3.3.3 视图维 ... 39
- 3.4 装备智能化保障体系的混合集成建模方法 ... 41
  - 3.4.1 保障任务建模 ... 41
  - 3.4.2 保障资源建模 ... 42
  - 3.4.3 组分功能建模 ... 44
  - 3.4.4 保障对象建模 ... 45
  - 3.4.5 组织结构建模 ... 48
  - 3.4.6 信息交互建模 ... 49
  - 3.4.7 环境态势建模 ... 51
  - 3.4.8 保障过程建模 ... 53
  - 3.4.9 体系效能建模 ... 55
  - 3.4.10 集成建模方法的对比分析 ... 57
- 3.5 混合集成建模实例 ... 57
  - 3.5.1 抽象层次维 ... 59
  - 3.5.2 视图维 ... 60
- 3.6 小结 ... 65

第4章 装备智能化保障体系分布式混合仿真框架 ... 66

- 4.1 引言 ... 66
- 4.2 分布式混合仿真理论框架 ... 67
  - 4.2.1 基于离散事件的仿真方法 ... 67

4.2.2	基于多智能体的仿真方法	71
4.2.3	基于离散事件和多智能体的混合仿真方法	80

4.3 分布式混合仿真的关键技术   84
- 4.3.1 分布式混合仿真统一建模描述   85
- 4.3.2 分布式混合仿真的时间管理   89
- 4.3.3 分布式混合仿真的数据分发管理   94

4.4 基于 DDS 的分布式混合仿真引擎架构   96

4.5 小结   99

第 5 章 分布式混合仿真的时间管理研究   100

5.1 引言   100

5.2 时间同步策略   100
- 5.2.1 保守的时间同步策略   101
- 5.2.2 乐观的时间同步策略   103
- 5.2.3 混合的时间同步策略   104

5.3 基于自平衡二叉排序树的仿真事件调度优化方法   105
- 5.3.1 仿真事件排序优化方法   106
- 5.3.2 仿真事件队列结构优化方法   107
- 5.3.3 保守时间同步策略下的基于优化 AVL 树的仿真事件调度算法   109
- 5.3.4 乐观时间同步策略下的基于优化 AVL 树的仿真事件调度算法   113
- 5.3.5 基于排队论的仿真事件调度分析   120
- 5.3.6 测试用例   124

5.4 小结   127

第 6 章 分布式混合仿真的数据分发管理研究   128

6.1 引言   128

6.2 基于DDS的数据分发方法　　129
　6.2.1 分布式混合仿真中的数据流分析　　129
　6.2.2 基于DDS的数据分发体系结构　　129
　6.2.3 数据过滤机制研究　　130
6.3 基于区域时空交点预测的精确兴趣匹配算法　　133
　6.3.1 典型的兴趣匹配算法分析　　133
　6.3.2 问题分析　　136
　6.3.3 区域时空交叉预测模型　　137
　6.3.4 实验和结果　　145
6.4 小结　　154

第7章 原型系统与经典案例　　155

7.1 原型系统　　155
　7.1.1 系统体系结构　　155
　7.1.2 功能模块设计　　157
　7.1.3 系统界面展示　　162
7.2 经典案例　　168
　7.2.1 仿真场景　　168
　7.2.2 仿真实验设计　　170
　7.2.3 仿真实验结果　　172
7.3 小结　　175

参考文献　　176

CHAPTER 1
第1章 绪论

1.1 研究背景

"兵马未动,粮草先行"。对武器装备而言,其综合保障能力与作战能力具有同样重要的地位。从古至今,装备保障(Equipment Support,ES)都是武器装备完好可用的有力保证,也是装备形成战斗力的关键因素。装备保障实体与作战实体、装备保障体系(Equipment Support System of Systems,ESSoS)与作战体系(Combat System of Systems,CSoS)始终相伴相生、相辅相成、融为一体。装备保障已成为贯穿武器装备全生命周期各阶段的一系列活动,是一项复杂的系统工程,成为影响战争进程、决定战争胜负的重要环节。

从已有战例分析,战场已变成交战双方装备保障能力的竞技场。1973年的中东战争,叙以双方争夺戈兰高地的战例中,战争开始时叙利亚军队投入500辆坦克,分三路突破以军防线,直捣以军纵深,但由于叙军的装备保障能力很弱,对战伤坦克无力修复,也得不到后方的有效补充,经过几天战斗,叙军坦克几乎损失殆尽(包括新补充的坦克共损伤611辆),已无力持续战斗,结果在以军反击下,叙军被迫后撤。最后,叙军仅有95辆坦克得到修复,其余516辆全部丢弃。而在2003年的伊拉克战争中,美军后勤保障力量约占整个兵员的

45%,其中,负责弹药、油料、器材供应的人员占51%,技术保障人员占33%。从中可以看出在信息化的战争中保障人员与作战人员比例基本上达到了1∶1,"直达配送"和"伴随保障"异军突起,在伊拉克战争中,基本达到了时时保障,全程保障,这也使得美军在这场战争中作战战法更加灵活,武器效能的发挥更加明显,打击效果空前优异,表明美军装备保障系统逐渐成熟。我军装甲兵战时技术保障也有成功范例。在1979年中越边境自卫作战中,我军参战装甲装备948辆,共修复战伤故障坦克458台(次),筹措各种装备保障器材2850吨,使75%以上的战损装备及时恢复了战斗力,为战斗的胜利赢得了装备上的优势。因此,必须从战略高度对装备保障体系进行研究,对体系中各项保障活动涉及的人力、物力、财力以及技术、信息、时间、空间等进行合理运筹,即以最少的资源消耗,使装备获得及时、有效且经济的保障,充分发挥装备的最大效能。

近年来,随着机器学习(Machine Learning,ML)、人工智能(Artificial Intelligence,AI)、信息物理融合系统(Cyber Physical Systems,CPS)和大数据(Big Data,BD)等高新技术的快速发展和推广应用,催生了一批新的武器装备和作战手段。最近发生的几场局部战争表明,现代作战模式和武器装备已经在从信息化向智能化、无人化、网络化发展,也正逐步形成全新的作战样式,比如分布式作战、多域战、马赛克战、穿透性制空作战等,如图1.1所示。可以说,现在战争正处于从信息化向智能化过渡的重叠期,智能化装备保障也将逐渐成为交战双方力量比拼的主要手段。

智能化作战样式,也对装备保障提出了新的更高的要求。分布式作战通过武器装备平台间的智能协同来执行任务,这就要求实时监控装备的运行状态和保障资源的消耗情况,进行智能化、网络化的调度;多域战和马赛克战都属于"协同作战"范畴,面对领域混合、目标多变、任务分散的作战特点,智能决策和多域协同成为制胜关键,同样也要求装备保障体系灵活机动,针对不同的作战任务,进行随机规划,伴随保障;穿透性制空作战,其核心指控节点的智能化决策和指挥能力发挥着至关重要的作用,其保障效能也高度依赖于跨多作战区的保障资源智能调度水平。

未来智能化战争,主要依靠智能决策来获取作战优势,智能感知、智能认

(a) 分布式作战

(b) 多域战

(c) 马赛克战

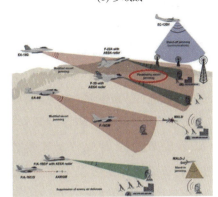
(d) 穿透性制空作战

图 1.1　未来作战概念示意图

知、智能执行已成为作战的制胜关键。传统依靠以人工决策为主的装备保障已难以满足高动态、低延时的作战要求,在装备保障领域的所有环节都需要人工智能和自适应系统来进行支撑,实现智能感知、智能决策、智能指控、智能执行的智能化保障。

装备智能化保障体系(Equipment Intelligent Support System of Systems, EISSoS)是为了使军事装备处于战备完好状态,在执行训练、战斗以及非军事行动的过程中,用于使用与维护装备的所有智能化保障系统的有机组合。这些保障系统之间存在复杂的交互作用和关联关系,能够应用智能感知、机器学习、自适应控制、数据挖掘、运筹规划等核心技术,实现装备状态实时监测、环境态势智能感知、运行故障自动诊断、规划调度自主决策、自适应学习演化和无人值守执行等智能化、分布式的协同保障功能,保障装备持续完成任务。装备智能化保障体系不是各要素和系统的简单堆叠,更重要的是要在其生命周期内能够充分发挥"1+1>2"的优势,使各个部分能够以最优化的组合实现对作战体系的保障,发挥最大的战斗力。

综上所述,根据相关文献对复杂系统的定义,装备智能化保障体系就是一个元素众多(保障模式、保障设备、保障人员与备件等)、对象复杂(装备类型多、数量大、分布广、形态异)、自适应运行(智能感知、智能学习、智能决策等)、交叉约束(战训任务约束、保障资源约束、保障经费约束、自然环境约束等)的复杂大系统,也包含了很多无法用还原论和数学方法解决的问题,比如"涌现"(Emergence)。"涌现",通常是指多个智能保障实体组成整体后,出现了单个智能保障实体不具有的新特质。体系的这种涌现性是各智能实体之间进行复杂交互、相互影响的结果,也体现了体系运行不易还原、无法预测的特点。我们可从部件(微观)层和体系(宏观)层两个层次来探讨装备智能化保障体系的涌现性。在仿真中,各组成装备以及它们的智能化保障实体等可用装备零部件、保障人员、保障设备、保障资源等模型来表示。这些仿真模型数量众多,交互复杂,组成装备保障体系后在宏观上的涌现性表现为武器装备的出动率、完好率或作战任务的可完成性等,均是难以预测和复现的。在部件(微观)层次,可对装备保障要素的运行规则、状态转换等进行详细建模;在体系(宏观)层次,体现为对装备保障体系效能的评估和度量。

针对装备智能化保障体系难还原、复现度不高以及"涌现"等特点,很难用层次分解、模块划分的方法通过构建系统的运行模型来分析实体的行为特性。同时,由于影响系统演化的不可控因素较多,不同的环境变量或个体的自适应规则导致特定的过程和结果在现实系统中很难重现,这就使智能化保障体系具备了不易复现的特性。这些特点导致无法收集到足够多的历史数据,而且难以发现影响因子与特定结果之间的关联,无法用归纳的方法说明系统演化的内在规律。而通过实际调整部队的保障体系考察、评估其实际运行效能的方式既不太现实又耗费巨大。因此,只能通过计算机建模与仿真这个重要的、甚至是唯一的手段来对其进行研究。

1.2 发展历程

第二次世界大战以后,由于作战需求的牵引和科学技术的推动,武器装备的发展日新月异,一大批技术先进、结构复杂的新型武器装备相继被研制出来。早期装备的复杂程度提高后,由于设计中只考虑了主装备本身的战术技术性能,没有全面、综合地考虑装备的保障性、维修性,这些武器装备投入部队使用后,虽然战术技术性能水平比较先进,但其可靠性低,故障率高,备件需求量大,使用和维修保障困难,战备完好率低,难以发挥其应有的作战性能,迟迟不能形成战斗力。比如,F-15A 只重性能轻可靠性、维修性和保障性,大概有 20% 以上的时间是在地面等待备件,30% 以上的时间处于维修或等待维修。这种情况也导致装备研制费用大幅上升,造成装备的使用和维护成本急剧增长。据统计,从 20 世纪 50 年代中期开始,美国国防部平均每天用于武器装备使用和维修的费用高达 2600 万美元,每年 90 亿美元,占国防总预算的 25%。

因此,武器装备的综合保障在整个作战系统中起着越来越重要的作用。近年来,世界上各军事强国也越来越重视保障工作,并把它作为装备采办工作的重要组成部分,从武器装备全系统、全寿命发展的高度推进装备保障制度改革,把装备保障纳入统一的采办程序中整体推进。

美军首先开始转变其装备的发展策略,探索解决在装备研制过程中如何把主装备研制与其保障系统建设同步考虑的问题,于是提出了"综合后勤保障"(Integrated Logistic Support,ILS)的概念。1964 年 6 月,美国国防部首次颁布了国防部指示 DoDI4100.35《系统和设备的综合后勤保障要求》,明确规定要在装备设计中同步开展综合后勤保障的管理和技术活动。1968 年,这个文件更改为 DoDI4100.35G《系统和设备的综合后勤保障的采办和管理》,提出了综合后勤保障的 11 个组成要素,其中包括综合后勤保障的 3 个管理要素和 8 个资源要素。1980 年颁布了 DoDD5000.39《系统和设备综合后勤保障的采办和管理》,1983 年又重新颁布该文件,突出战备完好性与保障性要求,明确规定:"综合后勤保障是以可承受的生命周期费用为目标,实现武器装备的战备完好性",

并全面规定了综合后勤保障的政策、程序、职责、组成部分及采办各阶段的工作内容。1985年提出了"计算机辅助采办与后勤支持"（Computer-Aided Acquisition and Logistic Support，CALS）和"连续采办与全生命周期"（Continuous Acquisition and Life Cycle，CALC）的技术思想，用以解决装备后勤服务中的数据共享和对武器装备提供全生命周期的维护，并且在重大装备项目中得到了成功的应用。1991年颁布了新的采办文件DoDI5000.1《防务采办》和DoDI5000.2《防务采办管理的政策和程序》规定："性能指标中，必须包括可靠性、可用性和维修性之类的关键性的保障要素"，将综合后勤保障作为其组成部分，同时废除了DoDD5000.39，由此确立了综合后勤保障已经成为整个装备采办不可分割的组成部分。1996年，美国国防部又重新颁布DoDI5000.1《防务采办》和国防部条例5000.2R《重大防务采办项目和重大自动化信息系统采办项目必须遵循的程序》，其中提出了"采办后勤"的概念，规定在武器系统的整个采办过程中开展采办后勤活动，以确保系统的设计和采办能够得到经济有效的保障，并确保提供给用户的装备配备必要的保障资源，以满足平时及战时的装备完好性要求。

目前，美、英、法等国把装备保障与处置纳入了统一的采办程序中，强调了武器装备的全系统保障能力，要求在采办过程的早期，项目管理人员要全面考虑全系统保障的各种问题，确保向用户交付性能可靠、经济有效的武器系统，并向用户提供满足平时和战时战备需要的保障设施。这种做法实质是着眼于从装备系统上解决装备的保障问题，以实现系统的整体优化。从系统工程的角度解决装备的保障问题，就不能单纯地强调可靠性、维修性或保障性，必须重视和强调综合保障。

1988年，我国开始引入综合后勤保障（ILS），开展了装备综合保障研究和应用工作。由于我国受传统后勤观念的影响较深和考虑到我军后勤部门不再承担装备保障工作的职能，为避免不必要的误解，目前在国内基本倾向于用"装备综合保障"或"综合保障"来代替"综合后勤保障"。我国的装备综合保障从总体上来说，首先是学习国外的先进经验，然后结合我军实际，形成的一套理论体系和工程方法。我国引进和吸收了美军"维修工程"概念及有关理论，并大力推广应用，为综合保障的研究和应用提供了有益的基础，还组织研究了大量国外有关综合后勤保障方面的资料,并积极跟踪国外综合后勤保障的发展动态。在充分消化、吸收和借鉴国外经验的基础上,结合我国的实际情况,制定并颁布了 GJB3872《装备综合保障通用要求》、GJB1371《装备保障性分析》和 GJB3837《装备保障性分析记录》等国家军用标准,出版了《综合保障性工程》《装备保障性工程》等专著,并召开了多次装备综合保障研讨会,这些工作为在我国普及和开展装备综合保障工作奠定了良好的基础。目前,有关装备综合保障和保障性的理论和观点已受到重视与肯定,在一些型号中陆续展开了这方面的工作,取得了一定的成效。

1.3 研究现状

装备保障体系的发展经历了从信息化到自动化再到智能化的阶段。美军的装备保障体系一直是后勤保障体系的一部分。从 20 世纪 50 年代起,美军开始开展装备保障信息化的建设,利用计算机网络、信息系统等技术来完善综合保障管理,改造现有的后勤保障体系,到 80 年代末建立起从总部级到基层师的后勤保障信息系统。

面向 21 世纪,美军开始对未来作战模式进行全面设想,推动了数字化战场建设,20 世纪 90 年代末《联合设想 2010》就是在这样的背景下被提出的。美军又在 2000 年初做出了远景规划,推出了《联合设想 2020》,其中对后勤保障的发展方向给出了长期的规划。在这样的战略规划指导下,美军建立了具体的应用系统建设,如联合资产可视化系统等,同时做出了顶层设计,用于统筹后续系统间的集成。交互式电子技术手册(Interactive Electronic Technical Manual,IETM),可以通过便携式终端来显示武器装备的相关性能指标、操作和维修保障信息,并能够与使用人员交互,将传统的基于纸张的维修保障资料电子化和网络化,是对装备保障技术的一项革命性创新。同时,IETM 与美军的武器装备数据库实时连接,可在线更新,并能够通过网络来访问。

在装备保障信息化的历程中,还伴随产生了自动化保障的技术,可以实时监控装备的健康状态,并将数据收集起来,使用计算机程序进行故障自动诊断,有效提升了装备保障的效率。而随着自动化技术的不断演进,催生了人工智能技术的发展,装备保障也从自动化保障逐步走向智能化保障,在各种武器装备的发展中得到广泛应用。现有的一些武器系统已经具备在作战任务、战场环境等发生变化时能够依靠系统自身的自适应规则和学习能力实现保障的能力,实现智能保障。目前,美国空军已在大量现役战机上装备了故障智能诊断系统,并建设了专门的维修保障专家系统进行辅助决策。

同时,建模仿真与虚拟现实技术也开始在装备保障领域逐步应用。这种技术使用计算机建模的方式对武器装备进行全数字化模拟和仿真,将保障过程从使用阶段前置到设计阶段,从而更有效地指导和修正保障体系的设计,从武器装备层面真正实现与保障要素的结合。美国空军主导供应商开发了大量装备保障仿真软件,如装备保障性仿真工具(SCOPE)等。这些仿真工具可大大缩短装备的研制周期,节约大量物理实验的费用,提高装备的可维修性和智能化设计。

我军对装备保障体系的研究要稍晚于美军,且我军的装备保障体系独立于后勤保障体系。20世纪80年代初,我军开始建立维修和使用保障的信息系统,到90年代后期,已建成了全军各级装备保障指挥中心,初步实现了装备保障的信息化。在建模仿真方面,装甲兵工程学院的张华良等设计了战时装备保障仿真评估系统(Equip Support Simulation Evaluation),可利用计算机网络和相关仿真技术,构建分布式计算机仿真系统,通过仿真交战双方的行为,模拟装备保障的过程,分析影响装备保障效能的关键因素,为装备保障体系构建、分析评估提供可靠、经济的手段。

CHAPTER 2
第2章　装备智能化保障体系概述

2.1　引言

理论是实践的引导和方向,只有在先进理论指导下,武器装备保障才能沿着正确的方向前进。随着新技术的发展,装备综合保障出现了很多新问题,这就要求针对新形势新特点开展综合保障理论研究,创立新的综合保障理论方法。首先,随着技术的发展,武器装备自身有了新特点,这些变化带来了装备故障模式与故障规律的变化;其次,外部环境和局势变化给武器装备综合保障带来新的需求,现代战争的节奏较以前大大加快,给装备综合保障工作带来更大的挑战,要求必须高效率完成精细化的保障工作;再次,装备综合保障技术和手段发生了变化,以人工智能和数据挖掘为代表的信息技术快速发展使得装备综合保障手段更加灵活并富有弹性,新的战场环境和保障手段对装备综合保障理论的发展提出了新的需求,同时也为理论创新提供了机遇和基础。针对这些变化,应结合装备发展趋势加大原始创新,加强基础性、前沿性理论研究,增加技术储备,突破关键技术瓶颈,形成适应未来作战形态的武器装备智能化保障理论体系和工作模式,推动装备保障向智能化发展。

总之,科学技术始终牵引战争样式不断发生变化,而作战模式则推动武器装备向前迭代发展。高速发展的信息获取、控制、使用技术使战场趋于透明化,作战区域也从传统的陆、海、空等自然空间,向更广阔的太空、水下以及网络等虚拟空间扩展。总的来看,随着新一代人工智能技术的广泛应用,装备向智能化方向发展已成为共识。智能装备的具体形态多表现为自主系统,其能力属性大多使用自主性、自学习性来度量,实现手段则依靠新一代人工智能、计算机、通信等高新技术手段。为适应现代战争战场空间多维、参战力量多元、对抗程度激烈、作战节奏加快等特点,实现态势智能感知、故障智能诊断、指挥自主控制和功能自动修复等功能的装备智能化保障理念和方法研究尤为重要。

2.2 作战需求

为适应智能化作战和智能装备的保障要求,在原有装备保障体系满足保障性、可靠性、维修性、测试性、安全性、生命周期费用等要求的基础上对智能化保障提出了新的使命要求,构建合理科学的装备智能化保障能力体系,应着力提升装备保障体系的快速保障能力、精准保障能力、智能保障能力、综合保障能力、自主保障能力和跨域保障能力,如图 2.1 所示。

图 2.1 装备智能化保障能力体系

1. 快速保障能力

智能化战争的快节奏、高强度决定了装备保障必须具备快速保障能力。作战进程中受损装备及时恢复是维持部队战斗力最有效的途径,要在现有快速保障能力基础上,借助大量先进的信息技术、物流技术和智能技术,覆盖装备保障的全过程,搭建分布合理、运转快捷的军事物流配送网络,明确保障响应机制、确定最优保障手段、评估优化保障流程,寻求进一步提升快速保障能力的可能空间,形成响应-实施-评估-恢复的敏捷闭环,促进作战与保障的无缝衔接。

2. 精准保障能力

精准保障表现为在准确的时间、准确的地点,为作战装备提供数量准确、质量可靠的装备保障。这就要求装备保障体系要掌握瞬息万变的战场情况,根据作战任务和作战行动的要求,综合衡量保障需求的轻重缓急,以精准保障为目标,实施快速、灵活、连续的全程保障,从而以最少的保障资源满足最大的保障需求,以最小的保障时差保证最优的保障时效,实现军事效益与经济效益协调统一。

3. 智能保障能力

智能保障能力其实质是装备智能化保障体系基于对海量战场信息分析处理的基础上开展智能化保障行动的能力,即装备智能化保障体系在感知获取大量装备保障信息的基础上,利用云计算、大数据、智能算法等技术有效破解"信息迷雾",从而实现对保障需求的准确预测,进而科学制定保障方案,高效组织保障作业,全程监控保障过程,综合评估保障效果,彰显装备保障智能化的特征。

4. 综合保障能力

为适应智能化战争联合作战行动的需要,装备保障体系应具备军种联合、后装联合、区域联合和军民融合保障的综合保障能力。在一体化保障体系的框架下,对多军种、多系统、多专业和多种类保障力量进行统筹指挥,促进保障体制和保障要素有机融合,科学规划保障资源、保障技术,提升多元一体、要素整合、力量聚合、体制融合、军民联动的综合保障能力,使装备保障效益最大化。

5. 自主保障能力

依靠装备自身的传感设备和信息处理终端,按照数据-信息-知识的处理流程,强化装备的自主认知、自主学习、自主决策能力,从而构建作战单元与保障要素联通协作的自组织网络,实现装备的自主保障。自主保障主要通过自主的状态实时感知、性能跟踪评估、故障自动诊断和维修辅助决策,作战单元提出确切保障需求,保障单元基于互联通、互操作、互认知、互协作的作用机制及时予以响应,实现作战区域内对装备保障的动态调控[5]。

6. 跨域保障能力

未来智能化战争将在陆、海、空、天、电、网等全维空间进行,要求装备保障必须具备跨域保障能力,为智能化装备全域作战提供有力支撑。一方面,要大力提升跨域机动保障和支援保障能力,实现对远程作战装备的人力、技术、器材、物资支援;另一方面,要强化装备保障在线抢救抢修能力,利用线上支援、专家辅助等智能化手段完成非接触式的支援保障,进一步提升装备保障体系的跨域保障能力。

2.3　装备智能化保障体系的组成要素

装备智能化保障体系由若干智能化保障系统组合形成,这些系统之间既相互影响,又共同协作,主要是为了让军事装备能随时处于完好的战备状态,在执行训练、战斗以及非军事行动的过程中,应用智能感知、机器学习、自适应控制、数据挖掘、运筹规划等核心技术,实现态势智能感知、故障自动诊断、任务自主规划与决策、分布式协同保障、功能自修复等功能,保证装备能够持续完成任务的一系列管理和技术活动,并能覆盖装备全生命周期的需求分析、研制定型、保障模式、资源使用、维修保养、供应优化和费用控制。目的是将智能化保障全面纳入装备的全生命周期过程,从设计定型到使用维护阶段,减少人为干预,降低总费用,提升装备性能。这些智能化保障系统的组成要素主要包括保障过程控制、保障人力资源、保障物资资源、保障信息资源以及保障管理手段等。

装备智能化保障资源是构成装备智能化保障体系的主要实体,是实施智能化保障的基本单元。由于智能化技术的使用,在某些方面武器装备已与装备保障融为一体,比如某些武器装备,并没有严格区分装备和装备保障,其状态智能监控部件本身就是装备的组成部分。同样,对仿真而言,仿真对象的概念范畴要大于一般意义上的装备保障,除了要对智能化保障体系的实体进行仿真,还应对保障的对象——武器装备实体进行仿真,主要包括以下八类。

1. 保障设施

保障设施是指实施保障的场所,每个保障级别都有相应的保障设施,包括维修、补给、实验以及储存等场所。

2. 智能化保障设备

智能化保障设备分为通用型和专用型两类,主要包括:实施智能化保障所用的拆卸、安装、测试、诊断、加工、焊接等相关设备。

3. 保障人员

保障人员分为执行人员和决策管理人员,主要包括使用各种智能化保障设备和备件等,在保障设施中对主战装备进行修理、维护、使用和供应的人员[9]。保障人员分为一般人员和决策管理人员。

4. 智能化武器装备

智能化武器装备是开展保障工作的主要对象和任务源泉,包括武器装备的智能化零部件、组件以及安装在其上的智能化监测、控制等设备,可以自主采集装备运行过程中的各种数据。

5. 智能化保障资源

智能化保障资源是指利用装备各种数据、信息进行智能化保障的资源,包括各种智能化保障模型、算法和硬件设备等。

6. 保障型物资

保障型物资是指装备零部件的备用件或替换件,以及消耗和使用类物品,可在零部件出现故障或损坏时进行更换,维护和保持装备的正常运行。

7. 仓储和运输资源

仓储和运输资源是指为储存装备而建的仓储资源以及保障装备从仓储地运送到部队需要用到的资源。

8. 装备保障模式

装备保障模式主要指平时和战时保障机构的组织架构设置、保障人员的配比以及保障流程和规则,重点解决谁保障谁、如何保障的问题。

因此,对智能化保障体系进行仿真,需要构建可信、逼真的仿真模型,并通过特定的规则组合起来,有效模拟智能化保障过程。

2.4 装备智能化保障体系的主要特点

时代的特点决定战争的特点,战争的特点决定作战行动的特点,作战行动的特点决定装备保障的特点。装备智能化保障具有鲜明的信息主导、精准高效、全维立体、自动快速等特点。

1. 信息主导

作为现代战争的时代烙印,信息主导是无人智能化装备的典型特点。信息主导反映在装备保障领域,主要是指在状态监测、指挥控制、故障诊断、功能修复等装备保障所有环节中,无人智能化装备保障对信息的采集、传输、处理、反馈等具有高度的依赖性。从信息流角度,无人智能化装备保障的过程就是装备信息在装备指挥控制链中传输流转的过程。信息的准确性决定装备保障的准确性,信息流转的速度决定装备保障决策和行动的速度,没有大量精确的信息支撑和有效流动,就无法实现无人智能化装备保障。

2. 精准高效

精准高效既是现代战争作战行动的基本特点,也是对装备保障的现实要求,也是无人智能化装备保障理念的目标追求。精准高效的核心就是通过装备保障力量和资源的合理配置,实现装备保障效能的"聚合优化"。无人智能化装备保障,力求依托装备保障体系和作战指挥控制体系的有机统一,实现装备保障决策、保障资源、保障行动与战场装备保障需求的无缝衔接,确保单个装备保障力量和行动在时间和空间上实现精准高效,装备保障体系构成合理,整体优化、高效释能。

3. 全维立体

装备保障力量与作战力量、装备保障行动与作战行动始终相伴相生、相辅相成。现代战争,战场空间的延伸和作战领域的拓展,必然要求装备保障也要同步跟进融入陆、海、空、天、电、网等多维空间和作战领域。为适应保障空间更加广阔、保障对象更加多元、保障任务更加繁重的装备保障需求,进行无人智能化装备保障成为一种行之有效的方法,其优势不仅体现在能够满足陆、海、空、电等传统作战领域的高强度对抗,更体现在能够适应太空、网络、深海、极地等新型作战领域"无人化"的特殊要求。

4. 自动快速

装备保障进程必须适应作战进程。随着现代战争节奏和进程的不断加快,对装备保障决策和行动的时效性要求更高。相比传统装备保障方式,自动快速是装备智能化保障的典型特征和独特优势。智能化装备保障是依托装备保障信息系统的人工智能技术和智能化装备保障手段,减少从信息采集到指挥决策的时间,压缩非创造性的人力工作,实现装备状态监测、故障诊断、指挥控制、功能修复的自动化和智能化,提高装备保障指挥和行动效益。

2.5 装备智能化保障体系的核心功能

装备智能化保障体系的核心目标是实现装备保障的"智能化"。"智能化"这个概念源于人工智能,即让保障实体具备"人"一样的感知、记忆、思考、学习、预测和行动等能力。在能力层次上,"智能化"要高于"自主化"和"自动化"。"自主化"是指可以根据外界环境的变化进行自动决策和行动,但缺乏学习和预测的能力。"自动化"仅能按照设定的流程执行某些操作,属于最基本的能力。因此,装备智能化保障实际上包含了自主化和自动化的过程,其核心功能就是要实现保障态势智能感知、保障方案智能决策、保障指控智能实施、保障流程智能执行等功能,如图 2.2 所示。

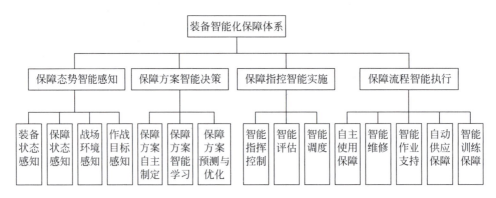

图 2.2 装备智能化保障体系的核心功能

1. 保障态势智能感知

保障态势智能感知,是装备智能化保障体系的基础,包括对装备状态、保障状态、战场环境和作战目标等的智能感知,是一个全维度全方位的感知。智能感知的目的就是收集各种数据,不仅是当前的状态数据,还包括历史数据,并在此基础上进行学习和预测,这是所有其他功能运转的基础,有着举足轻重的地位。比如,对装备运行状态和作战目标的感知,可以根据历史数据进行训练和预测,提前预判装备何时出故障或目标可能出现的位置。

2. 保障方案智能决策

保障方案智能决策,是智能化保障体系的核心功能,相当于人类大脑的角色,可分为保障方案自主制定、智能学习、预测与优化等几个子功能。保障方案自主制定包括采用计算机辅助决策等方式,在态势感知数据的基础上,对装备零部件故障数据进行综合分析、自主判断,然后根据保障人员、资源、设施设备等状态进行决策,自动生成保障方案。保障方案智能学习是指通过采用机器学习或强化学习的技术,使保障决策系统具备自主制定方案的智能能力。保障方案预测与优化是指保障体系可根据实时的状态监控数据对未来发生的情况进行预测,以及可根据设定的优化目标,实时自主调参,对方案进行优化。上述功能模块是为了对系统进行更清晰的描述而进行的逻辑划分,在实际运行中各功能是相互融合、共同协作的。智能决策在保障体系中也形成了立体化网络化的结构,从底层的武器装备节点到上层指控链路节点,都具有智能化决策的功能。

3. 保障指控智能实施

保障指控智能实施,是智能化保障体系的中枢神经,负责保障方案的执行,分为智能指挥控制、智能评估和智能调度三个功能。智能指挥控制,是指根据保障方案,智能化地选择保障资源对方案进行实施。智能评估,是指体系可根据保障方案,自动监控装备保障体系的运行状态,进行自动评估。智能调度,是指根据评估结果,对体系中的各种保障资源、保障人员进行调整和整合。

4. 保障流程智能执行

保障流程智能执行,主要指保障体系的基层执行单元通过智能化的方式,对装备和保障资源进行自主使用、智能维修、自动供应、智能作业支持等操作。

2.6 装备智能化保障体系的运行模式

装备智能化保障体系具有复杂系统的一般特性,也具有输入和输出接口。输入是驱动体系运行的装备保障需求以及相关外部环境等数据。输出是对武器装备的保障效果,该结果不是一次运行得到,而是经过对保障方案进行多次评估和优化,不断循环迭代,最后达到收敛状态。因此,在装备智能化保障体系的运行过程中还需要选取与评估结果相关的要素来构建一个完整的评价指标体系,并明确评价目的以及支撑任务。同时,依托建模与仿真来进行评估是一种经济可行的手段。其中,各智能化保障要素的仿真模型是后续仿真运行的核心和关键。建模的过程主要是用计算机语言对装备保障要素各实体进行真实的描述,反映实体的属性特征、行为模式、运行规律等。然后结合战场环境态势、数据采集、用户交互、效能评估、体系优化等仿真过程,对保障方案进行迭代验证,形成闭环。智能化保障指挥控制管理也同样重要,它建立了各智能保障单元互相交互的规则及控制保障进程的推进。整个体系的运行模式如图 2.3 所示,可抽象为五个阶段。

1. 保障前准备阶段

根据作战目标、作战编成、战场态势、历史方案、评估优化结果以及保障方案智能生成规则等综合形成保障方案,包括保障人力资源、保障物质资源、保障指挥控制、保障过程管理、保障信息资源等要素。

2. 保障体系自适应运行阶段

依据保障方案给出的保障流程、作战编成、作战想定等输入信息,对保障过程进行导调和控制,同时根据作战装备动态调整的保障需求,驱动整个体系自适应运行,可自主监测保障过程,采集保障数据,进行智能决策和训练学习,最后计划和调度保障执行机构实施保障并自动执行。整个保障过程可以在地理信息系统(Geographic Information System,GIS)上实时展示。

3. 指挥决策阶段

未来的战争虽然是智能化作战,但还是不能完全脱离战争核心——"人"的介入。这就意味着即使装备智能化保障体系的智能化程度很高,"人"还是可以根据体系的实时运行、数据分析和效能评估的结果,与智能化保障体系进行人机交互和指挥控制,对保障方案决策、保障过程进行干预,协同完成保障任务。

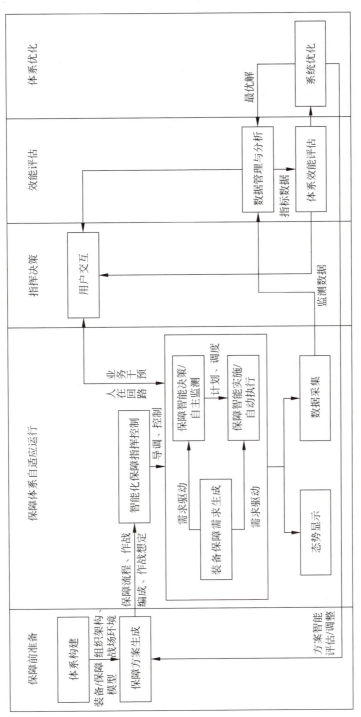

图 2.3 装备智能化保障体系的运行模式

4. 效能评估阶段

对保障体系运行过程中采集的相关数据进行管理和分析,结合体系效能评估指标体系和方法对保障体系进行评估。

5. 体系优化阶段

根据效能评估的结果,对智能化保障过程进行优化和调整,将优化方案反馈到保障方案中,生成新的方案,开始新一轮的循环。

2.7 体系架构

本节主要对装备智能化保障体系的集成建模方法进行研究,首先介绍建模框架的描述标准 ISO/IEC/IEEE 42010:2011《系统和软件工程-体系结构描述标准》[76](简称 ISO 42010 标准),以标准中的描述方法作为分析和论证的依据,为后续装备智能化保障体系的体系结构和集成建模框架的构建提供支撑。

2.7.1 描述标准

ISO 42010 标准用规范化和模板化的语言对体系结构进行了描述,并以本体形式进行了展示,有助于用户理解体系在行为、组织和演化等方面的规律和关键属性,有利于围绕体系的核心功能和目标开展进一步工作。图 2.4 给出了标准中体系架构说明的概念模型。架构说明是构造体系结构时输出的工作产品,通过分析系统参与者、架构视图、架构模型、对应关系规则等来描述和构建体系结构,从而展示系统。

1. 系统参与者

系统参与者是与系统息息相关的个人、团队、组织或其他类别,他们会形成一些对系统特别感兴趣的关注点,也是他们希望通过系统实现的原始需求。架

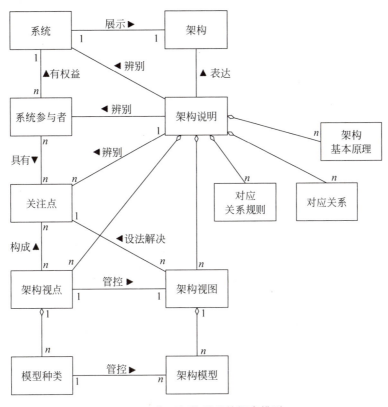

图 2.4 体系架构说明的概念模型

构说明通过对系统参与者和关注点的分析,得到系统的所有需求,这也是后续一切工作的出发点,比如系统参与者可以是系统的用户、操作员、开发者、构建者或维护者,关注点可以是系统的目标、构建和部署系统的可行性、系统的开发进度、系统的功能性等。

2. 架构视图

架构视图是从各个不同的视角描述实现系统关注点/需求的方法或模型。而架构视点是架构说明的核心,是为了指导视图构建,对视图做出的解释和说明。一个关注点可以分解为多个视点,视点也可以是多个关注点的共同子集,因此视点对关注点的描述更加抽象,视图则更侧重具体的系统实现。

3. 架构模型

架构模型是视图的描述主体。视图由一个或多个架构模型组成。架构模型采用的建模方法和描述语言由模型种类指定。模型种类是一种针对建模类型的协约，比如数据流图、类图、用例图、Petri 网等。

4. 对应关系规则

对应关系规则是用于描述架构说明中的任意两个构件之间的关系，由关系规则来描述。架构说明中的构件是指系统的参与者、关注点、视点、视图、模型类别、框架模型等之一。关系规则一般包括组合、依赖、约束等。

按照标准中定义的方法，体系结构以视点为核心进行拓展，通过视点中定义的建模方法来描述、分析和解决每个视点对应的关注点，以此形成的模型构成该视点的架构视图。所有的架构视图、架构模型及其对应关系集成在一起就构成了体系架构。下面给出一个实际的功能视图的构建案例，以此说明该方法。设计复杂系统的常用方法是将其按照功能分解为若干子系统。如果想要厘清整个系统的运行规律，就必须先分析透彻各子系统的功能、结构、接口以及交互等问题。系统的功能分解可以使每个子系统更容易构思、理解、设计、实现、重用和维护。系统参与者可定位为系统设计人员和开发人员，关注点为系统功能，架构视点则定义为子系统结构、子系统交互、子系统状态。不同功能结构的子系统可以采用不同的模型种类来描述，比如组件图可用于描述子系统之间接口的结构，序列图可以描述子系统之间的交互方式，状态图则可以表示子系统响应外部事件的状态变迁。这些模型及其相关文档共同描述并解决了功能分解的问题。组件图、序列图和状态图则是解决系统功能结构问题的模型种类。通过将这些模型种类用于解决功能分解的关注点而得到的框架模型集成在一起就构成体系结构的功能视图。

综上所述，该标准对体系结构的描述方法就是从与系统有关联的各类人员（参与者）的原始需求（关注点）出发，逐步分解为不同维度（架构视点）下的模型描述（架构视图），并通过描述系统中各要素（构件）之间的关系（对应关系),来描述出系统的体系结构。采用该方法描述的体系模型可以逐级向上溯源到现实系统,因此可以全面、准确地对系统进行描述,具有一定的合理性和先进性。

2.7.2 构建过程

体系结构是一个系统的骨架,也是后续设计和建模的基础。对装备智能化保障体系的体系结构描述是否准确、合理也影响建模和仿真的结果。因此按照 ISO 42010 标准的描述方法对装备智能化保障体系的体系结构进行分析和论述,以保证所构建体系结构的正确性和合理性。

(1) 分析装备智能化保障体系的参与者和关注点。将保障体系作为一个黑盒系统,分别从体系的建设、使用、设计、开发、构建和维护等角度来分析关注点,如图 2.5 所示。与体系相关的参与者包括体系的建设者、使用者、设计者、开发者、构建者和维护者,他们的关注点主要包括体系的实现目标/性能、体系功能、保障数据、信息交互、物理资源和可维护性等。建设者对体系进行顶层规划,比较关注体系的实现目标和性能指标;使用者主要进行操作应用,除了关注体系功能,还关注体系的实现目标和保障数据;设计者主要进行体系的设计,关注所有的关注点;开发者主要进行体系开发和具体实现,主要根据体系功能规划和设计进行底层开发;构建者负责体系物理层的安装部署,关注物理资源;维护者负责体系的维护和支持,比较关注体系的可维护性,可维护性也与体系功能、设计等有关。

(2) 将参与者的关注点分解为抽象的架构视点,并使用相应的建模方法对架构视图进行建模,架构视图要能够满足前述关注点的要求。因此,从实现目标关注点分解出需求视点,从体系功能关注点分解出智能化视点,从保障数据关注点分解出信息视点,从信息交互关注点分解出交互视点,从物理资源关注点分解出部署视点,从可维护性关注点分解到其他几个视点实现,如图 2.6 所示。需求视点采用 UML 用例图、活动图来描述应用层视图模型,智能化视点采用 UML 用例图、活动图、状态图、序列图、类图来描述智能实现层视图,信息视点采用 E-R 图、类图来描述数据层视图,交互视点采用序列图、类图、活动图等

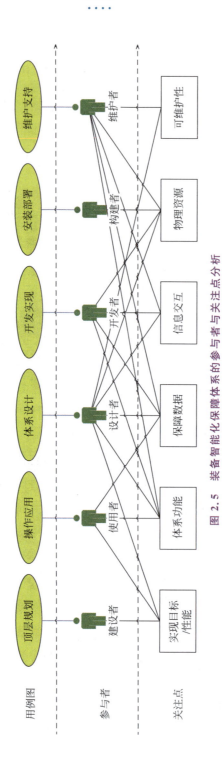

图 2.5 装备智能化保障体系的参与者与关注点分析

第2章 装备智能化保障体系概述

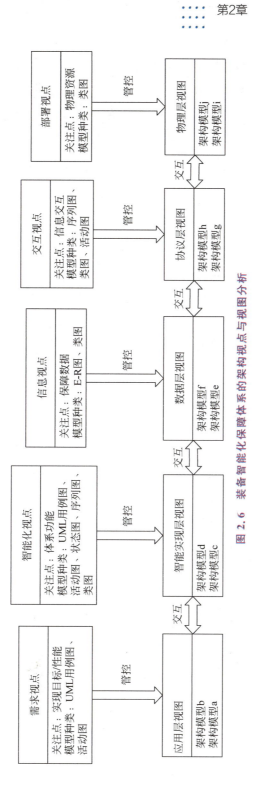

图 2.6 装备智能化保障体系的架构视点与视图分析

25

来描述协议层视图,部署视点采用类图来描述物理层视图。由于篇幅有限,在视图架构模型中主要以功能性描述为主,具体的模型构建在此不再赘述。

(3) 将构建的视图模型集成在一起即为装备智能化保障体系的体系结构模型,如图 2.7 所示,共分为 5 个层级的框架视图。

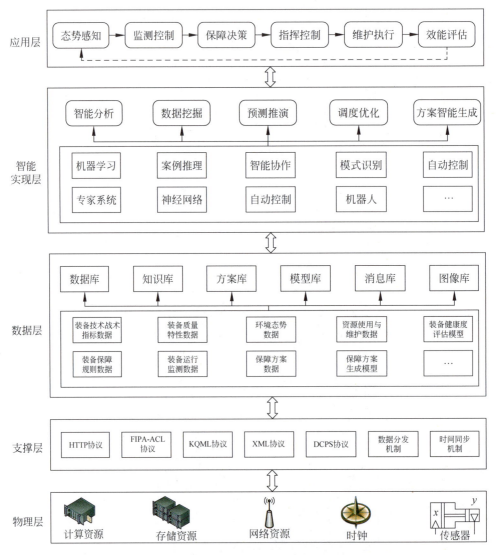

图 2.7　装备智能化保障体系的体系架构

应用层:解决上层应用的问题,在对战场态势自动感知和装备状态监测控制的基础上,实现装备保障方案的智能决策,然后根据方案对保障实体进行指挥控制,同步监测体系的运行状态,进行效能评估。由于装备智能化保障体系横跨陆、海、空、天等多兵种多领域,涉及维修、供应、使用等多种保障类型,覆盖装备划区保障、建制保障、固定保障、伴随保障等多种保障模式,包含的保障实体结构各异、数量众多、分布广阔。针对这种特点,在使用方式上应该采用分布式的架构,以满足未来作战模式下社会化保障力量加入体系的需求,保证保障单元能够机动加入,随时保障。

智能实现层:应用机器学习、案例推理、专家系统、智能协作、模式识别等智能化技术实现对应用层功能的支撑,包括装备故障的预测推演,保障方案的智能生成,保障执行的调度优化以及装备状态、战场态势等体系数据的智能分析,并在此基础上进行数据挖掘等。

数据层:主要由装备技术战术指标数据、装备保障规则数据、装备运行监测数据、环境态势数据、保障方案数据等基础数据构成,并在这些数据之上构建了数据库、消息库、图像库、知识库、模型库等进行管理,该层也预留了接口提供给其他系统调用这些数据。

支撑层:由支撑装备智能化保障体系运行的数据和消息传输协议等组成,定义了数据交互和运行的规则。

物理层:由计算资源、存储资源、网络资源、时钟、传感器等硬件资源构成。

2.8 小结

随着机器学习、大数据、云计算、脑科学、人工智能等新技术的迅猛发展,以计算机技术为基础的信息化战争展露出智能化的趋势。为了适应未来智能化战争的需求,加快智能化条件下装备保障的发展步伐,建设具有我军特色的装备智能化保障体系,已成为新时代我军装备保障转型发展的重大课题。本章从作战需求、组成要素、核心功能、运行模式等角度对装备智能化保障体系进行了论述,设计了装备智能化保障体系的体系架构,为下一步研究打下了理论基础。

CHAPTER 3
第3章 装备智能化保障体系混合集成建模

3.1 引言

当前信息化时代,传统以人为中心的装备保障体系已经逐步淘汰,信息化、自动化、智能化保障也已经不局限于某一领域,大量运用在电磁频谱、海上作战、陆地攻防等多个领域,系统的运行也越来越向体系化发展。美国波音公司 Ron Johnson 给出了体系的定义:由若干复杂和独立的系统组成的"超系统"[81],这些系统相互合作,一起完成共同的任务。因此,在具体应用层面,根据本书 2.2 节的分析得出装备智能化保障体系是一个具有任务环境适应能力的动态复杂体系,包括很多系统,如传感系统、通信系统、决策系统、执行机构以及指控系统等[82],它们在各自的业务层面具有一定的独立性,能够根据自身目标进行自主管理,自适应运行。在体系层面,这些系统又相互影响,共同协作,组合在一起完成同一个任务,并展现出体系的"涌现"性。因此,由于装备智能化保障体系的多领域、跨学科、异构和"涌现"等特性,采用同一种建模方法对其进行建模不太现实,而应采用多种模型组合混合和集成的方法。

3.2 研究现状

建模方法是分析装备智能化保障工作的基础,可以帮助厘清体系的层次结构和内部逻辑关系,对仿真研究具有十分重要的意义。以美国为代表的军事强国很早就开始对作战体系建模框架和方法进行研究,比如美军提出了 C^4ISRAF 框架[15]和美国国防部体系结构框架(DoDAF)[16],英国提出了英国国防部体系结构框架(MoDAF)[17],北约提出了北约作战体系结构框架(NAF)[18]等。国内的研究人员也相继提出了基于复杂网络、基于层次化和基于实体等的建模方法。目前常用的装备保障体系建模方法主要有以下几种。

3.2.1 基于多视图的建模框架

基于多视图的建模框架主要采用不同的方法,从不同角度、不同视角描述保障体系,以得到全面周到的系统模型。DoDAF 是美国国防部从 C^4ISR 体系结构描述方法逐步升级而来的,历经以"产品—服务—数据"为中心的几个发展阶段,最新版本主要体现"以数据为中心"的思想,分为作战背景、作战概念、组织结构、作战流程、作战关系等阶段,从全景视图等 8 大视图对作战体系进行描述。基于 DoDAF 方法的研究应用最为广泛,比如 Yang 等研究使用 DoDAF 框架对武器装备进行需求分析的方法;Zhu 等研究基于 DoDAF 的军民一体化装备维修保障体系;罗湘勇利用 DoDAF 方法对装备保障任务进行分解并建立相应模型;连云峰等基于 DoDAF 对装备维修保障能力进行建模分析和评估。

针对 MoDAF,曲爱华等详细分析英国国防部体系结构框架,并与 DoDAF 进行对比,MoDAF 在 DoDAF 1.5 的基础上引入了战略视图,增加了采办视图等新的需求。

陆敏等对 NAF 进行深入的研究,分析主要变化及特点,也与 DoDAF 进行了对比。

3.2.2 基于复杂网络的建模方法

复杂网络是指具有自组织、自相似、吸引子、小世界、无标度等特性中部分或全部性质的网络,主要有以下几个特点。

(1) 结构复杂。网络节点数量巨大,分类聚合,各子网络连接关系与结构形态各异。

(2) 动态拓扑。网络中的节点不断产生或消失,节点间的连接关系时断时连,导致网络拓扑高动态变化。

(3) 连接关系有向加权。节点间的连接具有方向性,且权重不同。

(4) 节点非线性变化。节点状态呈现不规律的变化。

(5) 节点多样性。节点可以代表任何实体,可以自适应运行,也可自组织形成网络,如社交网络中的节点代表个人,装备保障网络中的节点代表保障要素。

(6) "涌现"性。多个节点聚合在一起形成的子网络形成各节点不具备的特性。

王文峰[26]基于复杂网络方法以保障设施为主节点,各保障资源作为子节点,对装备保障体系进行网络化建模;徐玉国、邱静等以作战部队、维修保障单位、备件仓库和供应商为网络节点,构建以指挥控制流、物料流、信息流为边的网络化模型,并对网络进行优化设计;赵劲松等基于复杂网络对装备保障体系进行网络化建模,并从模型构建、体系演化和效能评估方面对复杂网络的应用进行设计。牛云、戴冠中等[29]构建网络化的装备保障体系结构框架,采用层次化、多智能体和 UML 的建模方法,进行建模和仿真。

超网络是复杂网络新的理论研究成果,将复杂的网络分为不同层级、不同类型、不同属性、不同目标的子网络,子网络之间通过信息交互和指挥控制关系产生依赖和关联[30]。

3.2.3 基于层次化的建模方法

基于层次化的建模方法按照复杂系统层次化和模块化的结构特点,将复杂系统按照层级或模块分解为简单系统进行建模,形成分层—聚合和分块—集成的方法,达到化繁为简的目的。Handley 等[31]认为不同层次的活动和事件都有不同的属性,因此可将复杂系统分为不同的层次进行建模;Andreas Tolk[32]将模型按照分辨率分为不同的层次,低层次、分辨率高的模型结构复杂,高层次、分辨率低的模型结构简单,最后通过聚合的方式将各个层次的模型进行集成。

在 1993 年的世界冬季仿真会议上,Sargent 等[33]提出离散事件仿真的层次化建模方法;Luna 等[34]对仿真模型的层次化关系进行深入研究,在概念、组合、替换和描述这四方面对模型进行分层描述。层次化的建模方法对复杂系统仿真研究具有良好的指导意义和借鉴作用,可通过多层次多视图的模型描述,对不同领域混合的体系采用不同的方法进行建模。

Fishwick 的多维集成建模方法[35-37],认为单个层次的模型仅能解决系统某一部分的问题,现实世界中大部分的系统都需要用多模型来描述。多维集成建模方法实质上也是层次化建模方法的一种,它也是在多个抽象层次上对系统进行描述,最后需要将各个不同层次的模型集成在一起。

3.2.4 基于实体的建模方法

基于实体的建模方法主要包括两类:一类是采用面向对象的思想,将实体的属性、状态、行动和事件等集成为一体,以模拟实体对象实际运行的方式对其进行描述;另一类是基于智能体实体的建模,通过大量智能体自适应运行来揭示系统的规律。基于实体的建模方法目前也得到了广泛应用,离散事件以及智能体仿真大多采用这种方法,孙宝琛等[38]以保障资源实体为基础,对战时装备保障过程进行建模;宋昆[39]根据装备保障体系的特点,建立保障实体的模型,并基于 Petri 网建立保障模型;郭霖瀚等[40]构建基本作战单元的仿真模型,模拟预防性维修过程;陈博等[41]使用智能体方法,对作战航材的保障要素进行模型构建,并对保障流程进行仿真分析。

对装备智能化保障体系进行建模与仿真的目的,是揭示在智能化条件下装备保障体系构建、演化、运行的规律,并能够对保障体系的效能进行评估和优化。在此背景下,对装备智能化保障体系建立全面、准确的描述模型成为其中最关键的基础性工作。目前,国内外已有很多相关复杂系统建模方法的研究,主要包括:国内的李建军、刘斌、邓鹏华、舒振等研究基于多视图的描述方法[83-85],李剑等研究基于美国国防部体系架构(DoDAF)建模框架[86],金伟新、刘忠、王再奎、马力等研究基于复杂网络理论的建模方法[87-92];国外则主要是 Zachman 框架[93]、CIM-OSA(Computer Integrated Manufacturing-Open System Architecture)框架[94]、美国国防部提出的 C^4ISR 体系结构框架[95]和 DoDAF 框架[96]等。基于多视图的方法和 Zachman 框架从多维度、多视角去介绍整个系统的结构;CIM-OSA 框架贯穿体系建模生命周期中的各个阶段,以多视图表述体系的各个方面,并根据其通用性将模型分为三个层次;C^4ISR 框架是用来描述和规范处于前期设计阶段的作战系统,通常从技术、系统以及作战三方面来进行;DoDAF 是一种分层与多视角的框架结构,分为多个视角对军事系统体系结构进行描述;基于复杂网络理论的框架与图论类似,将各组分系统中的实体抽象为网络图中的节点,将实体间复杂的交互抽象为网络中的边,根据装备智能化保障体系的特点,可以构建为一个层次化的复杂网络体系来开展研究。

上述复杂系统的建模框架与方法的核心问题是依据还原论的方法,自顶向下地从某几个维度或视图对复杂系统进行分解和描述,且都处于需求分析和系统设计的概念建模阶段,在动态建模及其与仿真模型的映射方面还不能全面反映装备智能化保障体系的特性,如 Zachman、CIM-OSA、DoDAF、C^4ISR 框架缺乏对体系的"涌现"性、动态性和开放性的建模;基于复杂网络的方法对保障体系的功能、过程、资源模型的描述还不够详尽。因此,本书在现有复杂系统建模体系理论和方法[97]的研究基础上,结合各种方法的优点,基于 ISO 42010 标准对面向装备智能化保障体系的建模框架进行分析和论证,提出一种多维多视图的混合集成建模方法。该方法采用多维度、多视角、多层次的描述形式,以基于复杂网络的多智能体建模理论为主,离散事件建模理论为辅的混合方法,自底向上地对装备智能化保障体系进行描述,最后再进行有机集成。

3.3 装备智能化保障体系的混合集成建模框架

ISO 42010 标准中定义了一种通用的体系结构框架描述方法,可为系统、解决方案和应用程序的体系结构构建提供指导。该方法抽象程度较高,能够超越具体的应用系统,洞察到各种场景中最核心的问题和模式,为相关系统(或体系)的体系结构提供一种比较通用和一致的定义,且以视点为核心来构建视图模型,以满足关注点的要求,其描述方法如图 3.1 所示。

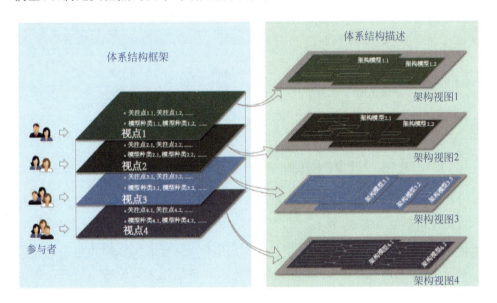

图 3.1 装备智能化保障体系混合集成建模框架的描述方法

按上述方法对装备智能化保障体系进行混合集成建模,其核心目的就是要用某种建模语言对装备智能化保障体系进行全面准确的模型描述。在描述的过程中需要考虑保障体系生命周期的问题,即时间变化对模型的影响。另外,还需要考虑如何突出智能化保障的特点以及模型复用的问题。因此,混合集成建模方法的关注点可确定为全面准确建模、模型随时间的演化、智能化特点和模型复用,如图 3.2 所示。全面准确建模的关注点主要通过功能分解和分阶段建模来获得,体系建模的准确以及"涌现"性特点可通过采用基于智能体的建模方法来实现,由此得到功能分解视点—多视图维视图。模型随时间的演化主要通过分阶段建模来实现,可得到分阶段建模视点—生命周期维视图。智能化特点和模型复用通过建立三个抽象等级的视图,从抽象逐步到精细,可得到模型复用视点—抽象层次维视图。

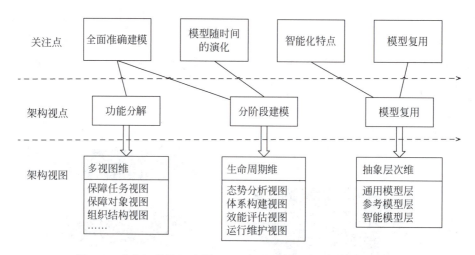

图 3.2 装备智能化保障体系混合集成建模框架的视点/视图分析

装备智能化保障体系的混合集成是各组分系统、协调机制的有机组合,体系间实现信息互联互通,保证了以最快速度做出完美的决策。因此,混合是构成整体、构成体系的主要方法。同样,实现描述装备智能化保障体系不同侧面的不同维度、不同视图的集成,形成集成化的装备保障体系模型也是提高模型描述全面性、准确性的一个关键方法。装备智能化保障体系的混合集成化建模框架是一个立方体的结构,分为视图维、抽象层次维、生命周期维,如图 3.3 所示。

3.3.1 生命周期维

装备智能化保障体系是为完成某个保障任务而组织起来的"超系统",它应任务而"生",随任务完成而解散,具有典型的周期性和阶段性。所以,对体系的

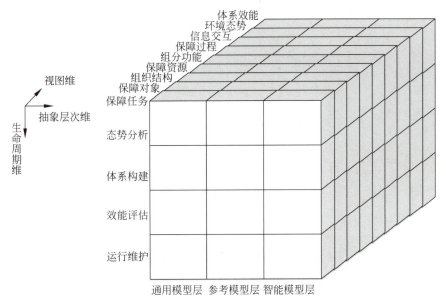

图 3.3　装备智能化保障体系的混合集成建模框架

建模也是一个划分阶段并按照其生命周期不断演化的过程。

在装备智能化保障体系混合集成建模框架中引入生命周期维,按照装备保障任务的实施阶段,分为态势分析、体系构建、效能评估和运行维护四个过程。根据各个过程不同的需求和内容,采用不同的方法,构建包含不同目的、视图和粒度的模型。图 3.4 给出了装备智能化保障体系建模生命周期的结构,以及每个建模阶段建立的模型以及不同阶段之间的模型转换和映射关系。

装备智能化保障体系建模的生命周期总共包括四个过程,分别为态势分析阶段、体系构建阶段、效能评估阶段、运行维护阶段。态势分析阶段主要进行保障任务的划分、环境态势的分析,构建装备智能化保障任务,明确保障的对象。体系构建阶段主要根据作战任务构建保障体系的组织结构、组分功能、信息交互以及使用的保障资源,在此基础上进行保障过程的描述。效能评估阶段主要进行保障体系各组成单元的拓扑结构、体系复杂度、组分系统的关键性等级等体系效能分析,以辅助决策。运行维护阶段主要通过运行保障体系模型来记录产生的数据以提供后续阶段分析。

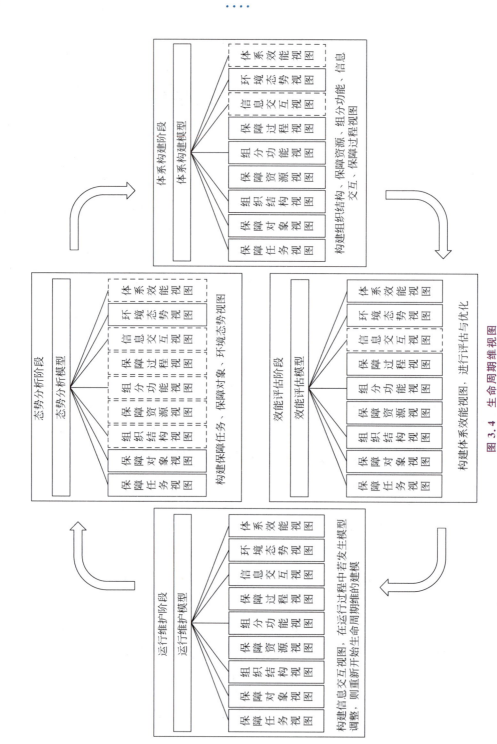

图 3.4 生命周维视图

第3章 装备智能化保障体系混合集成建模

是体系混合集成建模框架的时间维,它
描述……设,构成一个循环的闭环,保障体系在
这个……的更新和完善。

3.

由于……元素组成的庞大系统,在进行
实体建模的……和管理,所以可采用面向对象
的方法,将模……方法更利于实体模型的管
理和描述,可……用抽象层次维。抽象层次
维也是混合集成……

(1) 通用模型……模型,是构成整个建模
框架的基本组件,不……图的基础模型组件,
还包括与建模活动有……该层次模型的通用
性很强,可用于描述所……

(2) 参考模型层的……的一类保障实体
为背景,通过对其典型功能……体的模型参考
模板。通过对这些模板进行……的模型。参考模型层
与面向对象程序设计中父类……可以继承父类的所有参数和特
性,并在此基础上增加自己独有……和特性。

(3) 智能模型层是智能化保障实体独有的模型,可以在某参考模型的基础
上进行修改和继承。智能化模型不具备可继承性,是为了突出装备智能化保障
体系的智能化特性专门设定的一个视图。

抽象层次维是保障体系混合集成建模框架的空间维,其建模方法类似于面
向对象的方法,将智能化保障体系中包含的实体当作对象来管理。这些实体对
象按类别可抽象为不同的类,实体对象为这些类的实例。因此可按照保障体系
各要素模型的抽象程度分为通用模型、参考模型和智能模型。在建模初期,可
通过构建各视图的通用模型,对保障体系进行最抽象和通用的建模。随着对体
系理解的深入,可以在通用模型的基础上对体系的实体要素进行更具体、更细

化的描述,构建参考模型。最后,针对智能模型,可通过对参考模型进行继承和进一步修改后完成构建,如图 3.5 所示。

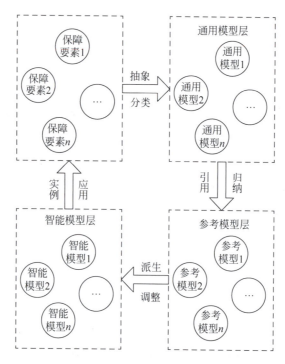

图 3.5 装备智能化保障体系的抽象层次维模型

装备智能化保障体系的抽象层次维建模采用由粗到精、由浅到深、由抽象到具体的方法。首先将装备实体按用途、类别抽象为几大类构成通用模型,例如保障资源可分为维修设备、拖运车、维修机床等,分别对这些类别进行建模以得到通用模型。通用模型一般都包含很多共同的属性,比如速度、重量、保障范围等。在通用模型的基础上,通过分析、总结几个相同类型组分系统的业务流程,可形成初步的参考模型。对保障体系来说,可将参考模型分为保障单元模型、智能单元模型、传感单元模型以及指控单元模型,这些参考模型由通用模型和其他模型组成,具有一定的代表性。同时,从另一个角度看,参考模型也是一个比较具体的小型化保障体系模型,比如一个智能单元的模型可以通过不断在通用模型进行丰富和实例化的基础上建立其组织结构、组分功能、保障过程等多视图模型而形成。在保障体系集成化建模框架中,参考模型有着相当重要的地位，它是保障体系模型的基础，可以缩短体系建模周期，减少建模成本，加强对模型的有效管理。最后，在建模过程中根据实际需要，可选择同类的参考模型并在其基础上实例化，从而形成特定的保障体系模型。

3.3.3 视图维

装备智能化保障体系的视图维模型以保障过程视图为核心，包括保障任务、保障对象、组织结构、保障资源、组分功能、信息交互、体系效能、环境态势等多视图模型，是集成建模体系架构的时空混合维。各个视图的创建根据保障体系生命周期的进程，分阶段构建，并不断迭代和完善，从不同的角度描述装备保障体系对应的特征和行为，它们相互关联、相互引用、相互影响，并基于过程视图对整个模型进行维护、控制和集成，从而确保模型间保持一致。

1. 保障任务视图

装备智能化保障体系是为了完成特定的保障任务而由各保障系统组成的，保障任务决定了装备保障体系的构成和运行，是构建装备保障体系的依据。保障任务视图通过任务分解，将抽象、宏观的保障任务分解成各个不同时段的保障阶段或子任务，各阶段或子任务由不同的保障单元来执行。

2. 保障对象视图

保障对象作为保障任务的实施对象也应该纳入装备保障体系模型中，而且保障对象同样是成体系的，其模型描述和方法可参考保障体系模型。在进行保障体系仿真推演的过程中，保障对象的组织结构、作战资源、组分功能、信息交互及体系效能模型尤为重要，其准确性直接决定最后的保障效能评估。

3. 组织结构视图

装备智能化保障体系是一个由保障设施、保障人员、保障装备、保障对象、保障备件等子系统组成的分层、分布式系统。各子系统间组织结构复杂，交互频繁，具有明显的网络化特征。每一套作战装备以及它们的保障体系都是一个由众多具有一定指挥控制关系的节点组成的动态网络。因此，使用复杂网络理论对保障体系进行组织结构视图建模应更加契合装备保障体系的现实情况。

4. 保障资源视图

保障资源视图包括对装备保障体系运行所需要使用的保障装备、保障设备、保障设施、资金、人员等各种实体对象的抽象。保障资源之间可以相互组合形成新的保障资源。组织结构单元通过与保障资源实体之间的关联，使其能在一定的约束或前提条件下表现出一定的能力，这种能力也是由保障资源提供的。另外，在维修保障过程中提高对资源管理和使用的效率也是对保障过程进行评估和优化的重要目标。

5. 组分功能视图

组分功能视图描述了保障体系中各个组成单元的详细功能分解，每个功能可分解为多个原子功能，通过描述各原子功能运行的输入、输出、约束条件以及消耗资源来描述整个功能。

6. 信息交互视图

信息交互视图描述保障体系各组分节点所产生的信息、数据以及节点间的相关性和逻辑性等，可以此构建保障体系的数据库结构，分析数据之间的依赖和关联关系。

7. 体系效能视图

由于保障体系的"涌现"性，使得体系具有一些在组分系统功能中没有的新功能。所以，应对保障体系网络的整体效能进行单独描述，主要从网络拓扑结构、系统复杂度、保障成本、保障资源利用率、组分系统关键性等级以及体系功能等方面进行分析评价。

8. 环境态势视图

环境态势视图指在保障体系之外与体系有关联的系统。外部环境与系统内部不是互不干扰、相互隔离的。系统从外部获取有用的信息,同时也受到相应的约束;此外,系统运行也会对环境造成一定影响。所以,建立模型前也需要对外部环境进行研究和分析。目前,在建模过程中考虑较多的是气象环境、电磁环境等因素。

9. 保障过程视图

保障过程视图是保障体系模型的核心部分,通过定义活动及活动之间的逻辑关系来描述保障体系的运行流程,实现系统的功能。在对保障过程的描述过程中,其他视图模型紧密围绕保障活动,并以保障活动为中心进行相互关联。

3.4 装备智能化保障体系的混合集成建模方法

3.4.1 保障任务建模

保障任务是构建智能化保障体系的源头和起点。由于保障任务是由众多保障要素协同完成的,其执行也与时间紧密相关,所以对保障任务的描述采用层次分析法,将保障任务按照时间分为不同的保障阶段,再在各个保障阶段下规划子任务,以"任务树"的形式展示,如图 3.6 所示。

保障任务模型可用 UML 类图来描述,如图 3.7 所示,其形式化描述可抽象为以下形式:

$$Task = < T_{ID}, T_{Name}, T_{Des}, T_{STime}, T_{ETime} >$$

$$Stage = < S_{ID}, S_{Name}, S_{Des}, S_{STime}, S_{ETime}, T_{ID} >$$

$$STask = < ST_{ID}, ST_{Name}, ST_{Des}, ST_{STime}, ST_{ETime}, S_{ID}/ST_{ID} >$$

其中,Task 代表保障任务,由任务代号、任务名称、任务描述、开始时间和结束时间等描述;Stage 代表保障阶段,由阶段代号、阶段名称、阶段描述、开始时间、结束时间和所属任务代号等描述;STask 代表子任务,由子任务代号、名称、描述、开始时间、结束时间和所属阶段/任务代号等描述。

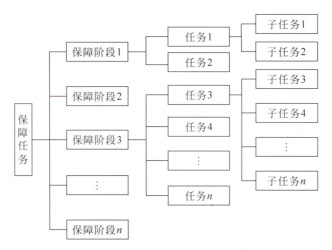

图 3.6　保障任务模型的树形结构

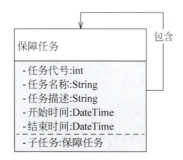

图 3.7　保障任务模型的类图

3.4.2　保障资源建模

　　保障资源是智能化保障体系正常运转的基础,通过保障体系的一系列活动,在一定的约束条件下表现一定的保障能力,主要包括保障设备、保障人员、保障设施等各种实体对象的抽象。保障资源视图主要描述保障资源的分类与结构以及资源的数量、质量等信息,与组织结构、组分功能、信息交互视图也存在广泛的联系,将在本书后续章节详述。保障资源作为军事系统的一部分,具有完整的分类方法和编码规则,可按照保障资源归属的类别以"资源树"的形式对其进行建模,如图 3.8 所示。

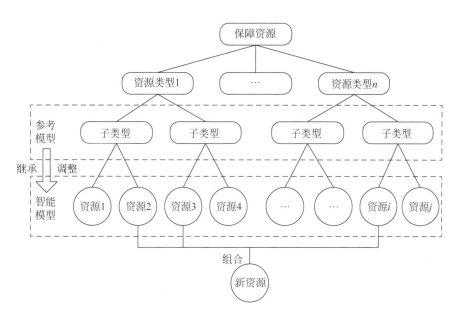

图 3.8 保障资源建模方法

在资源树模型中,叶子节点是原子级的资源实体,按照类型分别挂载在父节点下。对叶子节点的建模,可以利用通用层次维的方法,将上级节点的模型抽象为参考模型;而保障要素的建模可继承父类,通过调整来描述。资源实体间可以通过逻辑组合成有意义的新资源。组合资源概念的提出为描述体系的"涌现"特性提供了很好的方法,体系的新功能和新属性均可通过对组合资源的功能和属性来进行描述。

保障资源模型的类图如图 3.9 所示,其形式化描述可抽象为以下形式:

$$\text{Resource} = <R_{\text{ID}}, R_{\text{Name}}, R_{\text{Type}}, R_{\text{Att}}, R_{\text{Number}}>$$

$$\text{ZResource} = <ZR_{\text{ID}}, ZR_{\text{Name}}, ZR_{\text{Type}}, ZR_{\text{Att}}, ZR_{\text{Number}}, R_{\text{ID}}>$$

其中,Resource 代表资源实体,由编号、名称、类型、属性、数量等描述;ZResource 代表组合资源,由编号、名称、类型、属性、数量和子资源编号等描述。资源类型 R_{Type} 可以分两类,分别构建为智能体模型和离散事件仿真实体模型,对于具有智能属性和复杂功能的保障资源构建为智能体模型,其他资源实体构建为离散事件仿真实体模型。

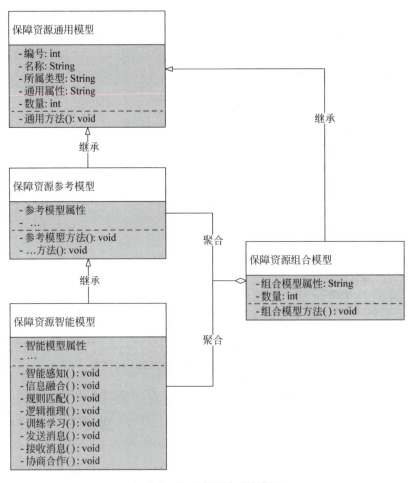

图 3.9　保障资源模型的类图

3.4.3　组分功能建模

组分功能建模的主要目的是描述智能化保障体系中各实体的功能，即说明要完成某一任务须进行的具体活动，这些活动由保障实体或保障资源的基本功能单元组成，这些基本功能单元可以抽象为实体的某个行动，主要通过占用和消耗一定的保障资源（机制），在一定的约束（控制）下完成对输入信息的处理，最后得到输出信息。这些基本功能单元有序组合在一起，构建成保障体系的功能。可以用 IDEF0 方法对组分功能模型进行描述，按照仿真实体功能的递阶层次进行模型分解和组合，从而描述体系功能的逻辑结构，也可以通过图形化的方式来构建模型，如图 3.10 所示。

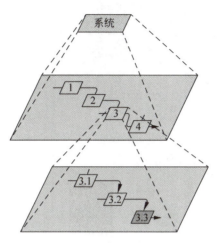

图 3.10　IDEF0 活动图

组分功能模型的类图如图 3.11 所示，其形式化描述可抽象为

$$\text{UnitFun} = <F_{\text{ID}}, F_{\text{Name}}, F_{\text{Par}}, R_{\text{ID}}, T_{\text{ID}}, Condition>$$

$$\text{SysFun} = <UnitFun_1, UnitFun_2, \cdots, UnitFun_n>$$

其中，UnitFun 代表基本功能单元，由功能编号、功能名称、功能参数、功能活动的实施对象、使用的资源以及实施条件等描述。SysFun 代表系统功能，其由基本功能单元的有序多元组组成。这样的表示方法能够描述保障体系各组分系统自治性、交互性等特性，为基于多智能体的建模方法提供了框架。

3.4.4　保障对象建模

装备智能化保障体系的保障对象是由作战装备组成的作战体系，必须能反映作战装备体系的真实特性，且保障对象模型准确与否与保障体系的运行效率、稳定性等息息相关。从网络拓扑角度出发，本书将保障对象单元抽象为传感、火力、指控、通信系统等节点，这些节点之间的信息（或物质、能量）交互可抽象为边，则保障对象实体就被抽象为一个作战体系网络。保障体系则由依附于

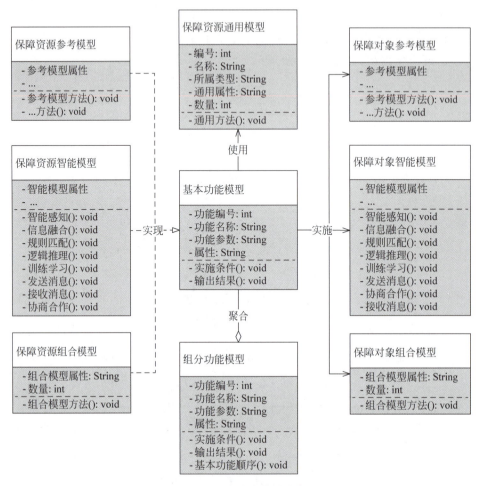

图 3.11 组分功能模型的类图

这些节点上的另一组实体节点组成。作战体系网络的组织结构具有一些独特的特点：其网络节点之间的连接有非常严格的要求，比如指控节点之间必须遵循层次结构，以体现其上下级指挥控制的关系；火力节点、传感节点则是指控节点的叶子节点；通信节点在物理上是一个互联互通的网格图，任何两个通信节点之间的链路应大于 2 条；指控、传感、火力节点之间通过通信节点网络相连，它们之间的数据和信息传输在逻辑上又具有层次性。作战体系网络的连接示意如图 3.12 所示。

该网络可用一个 $n \times n$ 的矩阵 M 表示，其中 n 为作战体系网络节点个数，

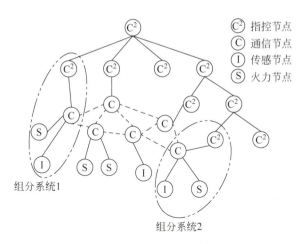

图 3.12 作战体系网络的连接示意

矩阵元素 $M_{ij}=1$ 表示节点 i 到 j 有连接，$M_{ij}=0$ 则表示节点 i 到 j 无连接。该矩阵是一个对称阵，在数据结构上可用二维数组表示，当矩阵较稀疏时，也可表示为链表。

保障对象模型的类图如图 3.13 所示。

其形式化描述分别包含组元视图和结构视图两类视图，代表作战单元节点和它们之间的节点网络，如下所示：

$$SecurityObject = <U, UR>$$

$$U = <C_1^2, C_2^2, \cdots, C_n^2, I_1, I_2, \cdots, I_n, S_1, S_2, \cdots, S_n, C_1, C_2, \cdots, C_n>$$

$$UR_{ij} = \begin{cases} 1, & i \text{ 到 } j \text{ 有连接} \\ 0, & i \text{ 到 } j \text{ 无连接} \end{cases}$$

$$\mathbf{UR} = \begin{bmatrix} 1 & \cdots & 1 \\ \vdots & \ddots & \vdots \\ 1 & \cdots & 0 \end{bmatrix}$$

其中，U 代表作战体系内实体单元节点的集合，分别由指控节点、传感节点、火力节点和通信节点组成；$\mathbf{UR}$ 为各节点之间的层次网络有向图的矩阵。实体单元节点可与作战资源、组分功能节点进行关联，也可以表示为两种类型，分别是智能体模型和离散事件模型。

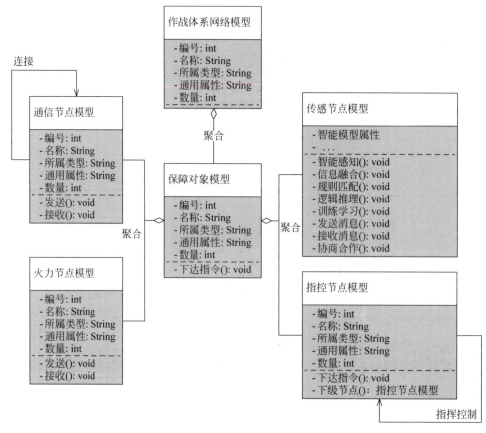

图 3.13　保障对象模型的类图

3.4.5　组织结构建模

组织结构建模可采用作战编成结构,构建一个由多个逻辑节点组成的,具有一定层级关系的,从上到下的树形结构。节点中每个组织单元是一个虚拟概念,可以下辖其他组织单元和保障对象、保障资源实体。组织结构单元之间可按照编制体制由上至下分层指挥的方式进行组织,其形式化表示如下:

$$Organization = <Unit_1, Unit_2, \cdots, Unit_n>$$

$$Unit_i = <Unit_{ID}, Unit_{Name}, UPUnit_{ID}>$$

其中,Organization 表示装备智能化保障体系的组织结构构成,由下属的各个单元结点组成,各单元节点 $Unit_i$ 又由节点标识、节点名称、上级节点标识等构成。按照此种方法,可以构成一个组织架构的树状组织,其组织结构模型的类图如图 3.14 所示。

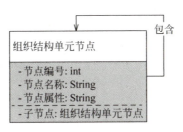

图 3.14　组织结构模型的类图

3.4.6　信息交互建模

信息交互模型主要描述保障体系的底层数据结构与信息流动情况。保障体系中各网络节点之间的信息流动一般分为信息共享、信息上报和命令下达。信息共享是同一级别单元之间的信息共享,当保障实体或作战实体的某一属性或收到的消息为共享状态时,其他同组的单元也会相应地更新属性或消息;信息上报一般指下级的传感、火力或指控单元通过通信单元向指控单元上报信息;命令下达则指上级指控单元向下级传感、火力或指控单元下达命令。这三种信息流动可分别用广播、组播和 P2P(Peer-to-Peer)的方法来实现,则在保障体系的仿真网络结构中形成了信息交互的有向图。

信息交互模型的底层数据结构描述了保障体系各视图模型运行过程中相关数据在数据库中的逻辑关系,为有效记录和管理模型数据提供了规范与框架,是建立保障体系信息系统和实施信息集成的重要基础,可以采用 IDEF1X 或 E-R 图的方法对其进行描述。

如图 3.15 所示,保障要素的底层数据结构用以下方法构建:

(1) 方框图表示建模对象,比如坦克、飞机等,模型对象中包含数据、属性等。

(2) 模型之间的相互关系可以用方框图之间的连线来表示。

（3）模型的特征用方框图的属性来表示。

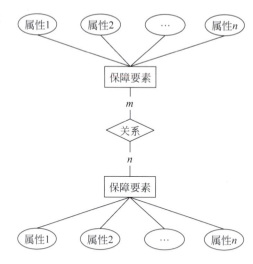

图 3.15　信息交互模型的实体关系图

在底层数据结构基础上，保障要素之间发生信息交互时，会将自己或对方的属性值共享或发送出去以更新对方或自己的属性值，从而完成信息交互过程。信息交互视图的形式化描述分为两部分，即底层数据结构和信息交互模型，可抽象为：

$$\text{Entity} = <E_{ID}, E_{Name}, E_{Atts}>$$

$$\text{Relation} = <Relation_{ID}, Relation_{Name}, E_{ID_i}, E_{ID_j}>$$

$$\text{Info} = <Info_{ID}, Info_{Name}, Info_{Type}, M>$$

其中，Entity 代表保障要素实体，分别由实体编号、实体名称和属性集等表示；Relation 代表实体之间的关系，分别由关系编号、名称和有关系的实体编号表示；Info 代表交互的信息，由信息编号、名称、类型和交互矩阵 M 组成。交互矩阵 M 建立在组织结构模型基础上，同样可用矩阵来表示信息在节点之间的交互，当 $M_{ij}=1$ 时表示实体 i 的信息对实体 j 进行交互，同时实体 j 根据交互矩阵的值对其自身属性进行更新。

信息交互矩阵：

$$M = \begin{bmatrix} 0 & \cdots & 1 \\ \vdots & \ddots & \vdots \\ 1 & \cdots & 0 \end{bmatrix}$$

信息交互模型的类图如图 3.16 所示。

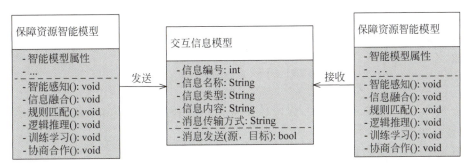

图 3.16　信息交互模型的类图

3.4.7　环境态势建模

装备保障体系及其保障对象作战体系运行在一定的战场环境中，会受到环境态势的影响，同时也会对战场环境产生影响。在不同的战场环境中，获得的作战效果也完全不同。现代战争中逐渐发展起来的电子对抗、电磁干扰等新型作战样式更加说明了环境态势的重要性，有时还能起到决定战争胜负的关键性作用。因此，对环境态势的建模也应纳入保障体系模型，并将其作为单独的一个视图进行描述。环境态势视图仅对不具备主观能动性的自然和人工环境进行了描述，对保障对象的描述则在保障对象视图中详述。本书中将环境态势分为自然环境和战场态势，如图 3.17 所示。自然环境又可分为地理因素、气象因素等。战场态势又分为陆地态势、海上态势、空中态势和空间态势等。

其中，地理因素描述作战体系运行环境中的地理地貌特征，如山川、河流、海洋等的详细信息；气象因素描述作战活动进行期间与作战有关的气象条件；陆地态势描述陆地上的道路交通、居民区、植被等情况；海上态势描述作战海域内的固定防御设施等，如近海阻拦网、反登陆障碍带等；空中态势描述作战空域内的非作战单元，如防空气球等；空间态势主要描述作战区域内的电磁环

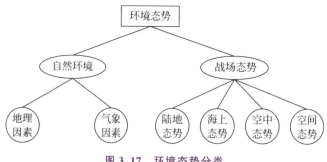

图 3.17 环境态势分类

境。对环境态势描述完成后,保障体系要根据对环境态势的分析来制定相应的方案和计划。

环境态势视图的形式化描述可抽象为:

$$\mathrm{Env} = <Env_{ID}, Env_{Name}, Env_{Atts}, Area, Time, Entities>$$

$$\mathrm{Env}_{Atts} = <Att_{ID}, Att_{Name}, Att_{Value}>$$

$$\mathrm{Area} = <Point_1, Point_2, \cdots, Point_n>$$

其中,Env 代表环境态势模型,分别由编号、名称、属性集、作用区域、作用时间和感知对象描述;属性集分别由属性编号、名称和属性值描述;作用区域由一系列位置点组成的闭合空间描述。环境态势模型的类图如图 3.18 所示。

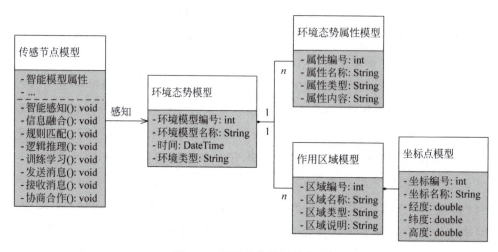

图 3.18 环境态势模型的类图

3.4.8 保障过程建模

保障过程视图是多视图建模的核心视图,它是构建保障体系模型的连接纽带。通过保障过程视图模型,将其他分散、独立的视图模型关联与集成,最后形成对保障体系的完整描述,如图 3.19 所示。

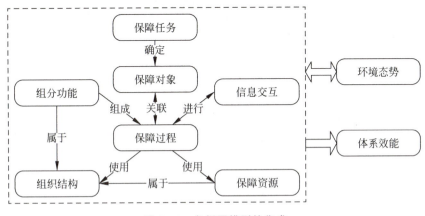

图 3.19 各视图模型的集成

在装备智能化保障体系运行过程中,根据保障任务视图选择保障对象视图中的作战实体,并根据保障对象进行保障过程的规划;组织结构视图为保障过程视图提供活动的执行者;资源视图提供保障过程中需要用到的所有资源;保障过程中的每个活动都是在实现系统中的一个组分功能,因此可以通过功能组合来描述保障过程,同时也反映了各保障实体功能域间的逻辑关系;保障过程同时也反映各组分功能之间的执行关系和条件,在此过程中产生信息并进行交互;在保障过程中,要充分考虑环境态势与系统的影响,并根据保障体系的组织结构、信息交互、保障资源等数据,计算保障体系的体系效能。

保障过程建模的主要方法是根据保障任务、作战目标和系统约束条件,科学调配保障资源,使各保障要素紧密地组织在一起,在有序的时间、合理的地点发挥各自相应的功能,并在此过程中记录数据和信息,其基本单元是行动,行动也是关联和集成其他视图模型的一个桥梁。本书使用"5W1H"方法来对保障行动进行描述,分别包括保障任务和目标(What)、保障单元(Who)、保障时间(When)、保障区域(Where)、保障约束(Why)、保障方式(How)6方面,从而与其他几个视图模型建立一一对应的关系。对保障过程则可以采用行动网络图的方式进行描述,行动网络图是由保障行动节点与有向连接线组成的有向图。其中,节点代表保障行动,有向连接线表示行动间的先后关系,由此形成的由保障行动构成的序列图,如图3.20所示。

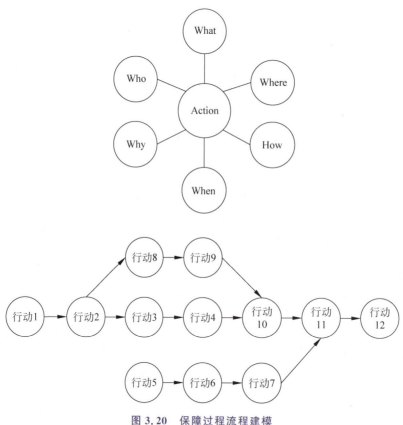

图3.20 保障过程流程建模

保障过程视图的形式化描述可抽象为:

$$Process = <Act_1, Act_2, \cdots, Act_n>$$

$$Sequence_{ij} = <Act_i, Act_j>$$

$$Act_i = <Condition_i, Function_i, actT_i, actPosition_i>$$

$$\text{act}T_i = <actT_1, actT_2, \cdots, actT_n>$$
$$\text{actPosition} = <actPosition_1, actPosition_2, \cdots, actPosition_n>$$
$$\text{Condition} = <Condition_1, Condition_2, \cdots, Condition_n>$$

其中,Process 表示保障过程由一系列的活动组成,这些活动之间由弧(Sequence)连接;活动应该在一定的条件(Condition)下,在相应的地点(actPosition)、相应的时间(actT)执行相应的功能。触发条件 Condition 可分为自动触发、人工触发、消息触发、时间触发 4 种类别。活动只有在时间触发时才有执行时间,其他活动可根据由时间触发的活动来计算其执行时间。保障过程模型的活动图如图 3.21 所示,在该视图中对其他视图进行了有效集成。

3.4.9 体系效能建模

体系效能建模是对保障体系的整体效能进行分析和评价。目前,主要从两方面来进行评价。

一方面是从保障体系的组织结构角度来分析体系的某些特性。保障体系的组织结构是层次网络结构,表征网络性能相关的参数有很多,其中最重要的是集聚系数、平均路长以及度分布等。一般可以通过计算上述几个参数的值来评价网络的复杂性、开放性和稳定性等特性。

另一方面是从数据挖掘角度来分析和评价体系性能。随着数据挖掘技术的日益成熟,通过挖掘保障体系运行或仿真过程中产生的所有数据,可以从数据角度得到保障体系的相关效能评价知识,主要方法是通过样本数据构建知识关联图(Knowledge Map)。基于知识关联图的数据挖掘方法主要是通过找出保障体系中有相关关系的参数,计算其联合熵和各参数的连接数,来刻画整个系统的不确定性和复杂度,同时辨识系统中的核心变量和不可控变量,从而找到保障体系中的关键元素。由于体系效能评估的理论和方法非常复杂,本书在此对体系效能不做深入研究。

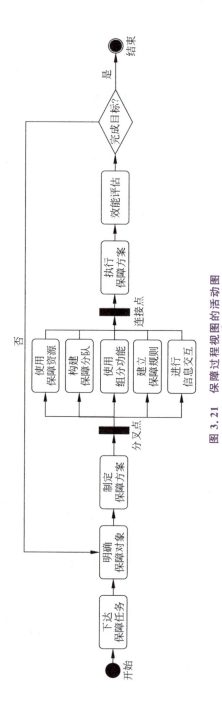

图 3.21 保障过程视图的活动图

3.4.10 集成建模方法的对比分析

目前,装备智能化保障体系的结构非常复杂,体系内部各系统也是形态各异,采用一种建模方法很难对其全面描述。因此,大多采用多种方法结合的混合集成建模方法从不同维度、不同角度对体系进行描述。前文所提方法也是基于该思想,从三个维度不同视图对装备智能化保障体系进行了建模分析。下面从体系建模参与者比较关注的角度出发,对 3 种建模方法和本章方法进行总结对比,见表 3.1。

表 3.1 集成建模方法对比分析

对比项目	复杂网络方法	Zachman	DoDAF	本章方法
建模的全面性	较好	好	好	好
模型分辨率	较细	大	较大	细
模型动态性	好	一般	一般	好
模型可重用性	一般	较好	较好	好
模型开放性	较好	一般	一般	好
对智能化的支持	一般	一般	一般	好
涌现性的展示	较好	一般	一般	好

从表 3.1 可知,所有方法基本上都采用了多维度多视图的建模框架,可以保证建模的全面性。在其他对比项目上,本章提出的混合集成建模方法融合了智能体建模、面向对象建模、复杂网络建模等建模方法的优点,并引入了生命周期维度,不仅能从宏观上对体系进行顶层建模,还可以从微观领域对装备智能化保障体系的智能实体建模,能够较好地支持装备智能化保障体系的智能化描述,以及灵活开放、精细可控、展示"涌现"等建模需求,在一定程度上优于其他建模方法。

3.5 混合集成建模实例

前文提出了面向装备智能化保障体系的混合集成建模方法,本节以某大型水面舰艇的舰面综合保障体系为例,通过对其集成建模,构建智能化综合保障体系模型,来验证方法的有效性。舰面保障体系是大型水面舰艇航空保障体系中的一个分系统,其主要功能是保障舰载机起飞所使用的油、武器、水、电等保障资源,以及简单的维修活动。以前的舰面保障大多采用流水线式的保障方式,按照保障类型在相应工位上完成保障工作后才能进入下一工位。这种串行式的保障模式容易出现效率瓶颈,因此现在基本上采用一站式的保障模式,在每个站位都可以完成所有的保障工作,其站位分布示意图如图3.22所示。

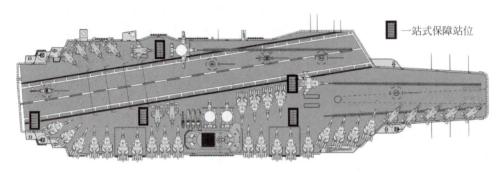

图3.22 某大型水面舰艇一站式保障站位分布示意图

某大型水面舰艇采用的一站式保障模式,其智能化保障流程如图3.23所示。

舰面智能化保障体系的运行流程由体系中4类实体的运行流程组成,舰载机为保障体系的运行提供了驱动力,主要由飞行、着舰、滑行、进入一站式保障区和关闭发动机等几个活动组成。执行任务前,会对机载智能监测设备进行训练,使其具备智能识别新故障的能力。在飞行过程中,机载智能监测设备全程对舰载机的运行状态进行监控,并采集相关数据,根据装备状态采集数据来进行智能诊断,判断其故障级别。智能保障决策系统也具有方案制定的训练和学习能力,通过采集的数据和故障等级来制定保障方案;同时,对保障资源进行智能感知,根据历史数据进行预测,判断是否需要调度新的资源。智能保障执行单元可自动化地执行保障方案,首先需要对保障对象进行智能化识别,可通过多单元协同的方法,协作实施同一个保障方案,并且在加油、挂弹、检修的过程中,引入智能化的设备,进行自动化的执行。在完成保障目标后,舰载机启动发动机,驶离保障站,滑行起飞。

下面采用集成建模方法对舰面智能保障体系进行建模,采用UML对模型进行描述。案例中的实体简化抽象为舰载机、机载智能监测设备、智能保障决策系统、加油员、挂弹员、检修员、挂弹机、加油机、检修机、飞行员。

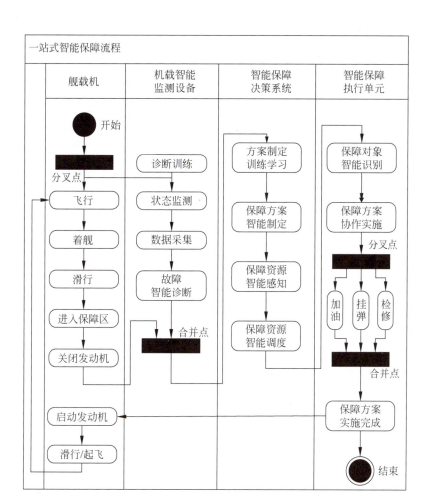

图 3.23 舰面智能化保障流程图

3.5.1 抽象层次维

抽象层次维建模是一种面向对象的建模方法,对体系中实体按照抽象等级进行建模,主要描述模型的继承关系。舰面智能化保障体系中的通用层次模型可抽象为飞机、人员、设备,实体模型都属于通用或智能模型,可按照相应的等级层次来建模。这种方法为大型建模与仿真系统的模型复用和管理提供了很好的应用,可大大减少建模人员的工作量。图 3.24 以舰载机和相关人员的模型为例对通用层次维的建模方法进行了示例。舰面保障人员以及舰载机可以在上一层参考模型的基础上,采用智能体的方法进行建模。

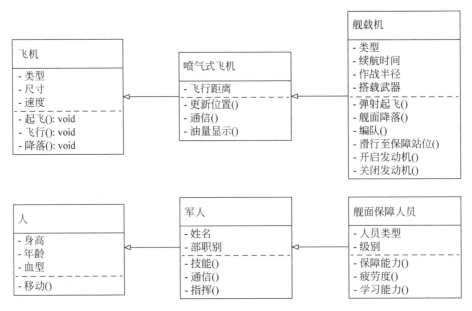

图 3.24　舰面智能保障体系的抽象层次维模型

3.5.2　视图维

视图维是集成建模的方法的核心。下面从保障资源、组分功能、保障对象、组织结构、信息交互、保障过程 6 个核心视图对舰面智能保障体系进行建模。

1. 保障资源视图

保障资源视图主要从分类的角度对保障体系中的资源实体进行描述,如图 3.25 所示。舰面智能保障体系中的保障资源主要包含三类,分别是保障人力资源,指加油员、挂弹员和检修员等保障人员,由于其智能化程度很高,在建模时构建为智能体模型;保障物质资源,指挂弹机、加油机、检修机、油料、弹药等物质类资源;保障技术资源,则指智能保障决策系统,可以通过机器学习、案例推理等人工智能技术,自动进行保障方案制定和调度。

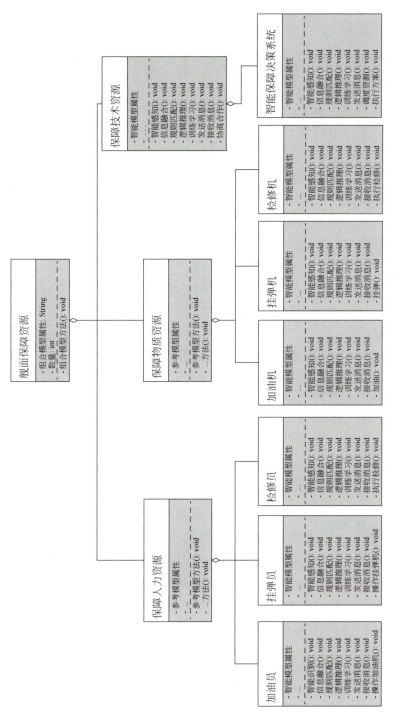

图 3.25 舰面智能保障体系的保障资源视图模型

2. 保障对象视图

舰面智能保障体系的保障对象主要是舰载机,可在该视图详细描述其组成部件,如图 3.26 所示。

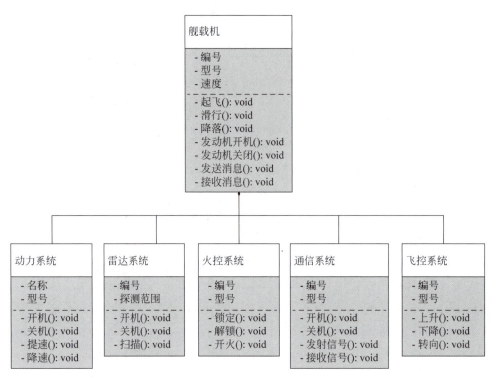

图 3.26 舰面智能保障体系的保障对象视图

3. 组分功能视图

组分功能视图主要从实体模型的单一功能角度来进行描述,通过功能聚合完成整个实体乃至体系功能的构建。在此过程中,可按照智能体的模型结构来构建相关功能,使模型具有智能元素。图 3.27 以智能保障决策系统的组分功能模型为例,对其功能活动进行了细化分解。

4. 组织结构视图

组织结构视图对保障体系的组织架构进行描述,体现了上下级指挥关系,

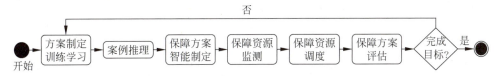

图 3.27　智能保障决策系统的组分功能视图

以及人员、武器装备、保障资源的配比情况,图 3.28 对舰面保障系统以及舰载机分队的组织结构进行了模型示例。

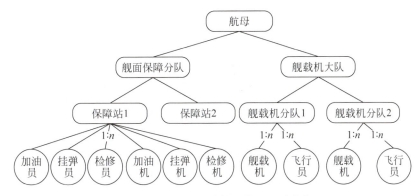

图 3.28　舰面智能保障体系的组织结构视图

5. 信息交互视图

信息交互视图描述了模型之间的交互关系,如图 3.29 所示,比如加油员使用加油机,挂弹员使用挂弹机等。

图 3.29　舰面智能保障体系的信息交互视图

6. 保障过程视图

保障过程视图是混合集成建模方法的核心,通过该视图对其他视图进行关联,如图 3.30 所示,对舰面智能保障体系的保障过程进行建模。

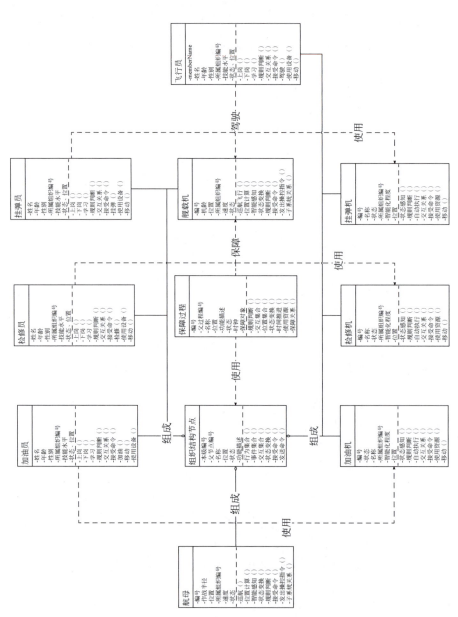

图 3.30 舰面智能保障体系的保障过程视图

图 3.30 表示加油员、检修员、挂弹员分别使用加油机、检修机、挂弹机等保障资源对舰载机进行一站式保障。其中,在模型的集成过程中,舰载机、加油员、检修员、挂弹员、加油机、检修机、挂弹机等模型可通过组分功能视图赋予智能化功能,使用基于多智能体的方法进行建模,实现智能化保障的功能。

3.6 小结

本章主要研究了装备智能化保障体系的集成建模方法。首先研究了 ISO 42010 标准提出的体系建模框架描述标准,为后续相关体系结构的构建提供了理论基础和论证方法。其次,对装备智能化保障体系进行了研究,分析了其组成要素、核心功能、体系架构和运行模式。最后提出了装备智能化保障体系的集成建模框架和基于生命周期维、通用层次维、视图维的三维建模方法,同时基于 ISO 42010 标准对该方法进行了论证和分析,证明了方法的合理性和正确性。

CHAPTER 4
第4章 装备智能化保障体系分布式混合仿真框架

4.1 引言

随着人工智能技术的引入,对装备智能化保障体系这类智能系统开展仿真也面临许多新的挑战。一是,武器装备的智能化新特点给装备运行模式与故障监测方式带来了新的变化,导致需要采用新的建模和仿真方法;二是,战场态势和作战样式的变化对武器装备保障提出了新的需求,现代战争的节奏更快,实时性要求更高,感知范围更大,保障要素间交互的信息更多,给装备保障仿真工作带来了更大的挑战,要求装备保障仿真平台的性能和可靠性要更好;三是,装备保障技术和手段发生了变化,以模式识别、机器学习、自适应控制为代表的智能技术使装备保障仿真必须满足智能化的需求。因此,针对装备智能化保障体系的多学科、跨领域、智能化以及"涌现"等特性,采用单一的仿真方法难以同时满足装备智能化保障体系仿真的要求,只有通过多种仿真方法混合的方法来开展研究。

本章首先简要介绍体系架构描述方法,然后从分布式混合仿真的几个维度来展开论述。一是对分布式混合仿真的体系结构进行研究,提出面向装备智能化保障体系的分布式混合仿真体系结构。二是对分布式混合仿真的关键技术进行研究,论述解决各关键技术的技术路线和实现方法。三是对分布式混合仿真引擎进行研究,构建新的仿真引擎架构。

4.2 分布式混合仿真理论框架

从方法论角度看,仿真是各种科学研究方法中除了演绎和归纳的第三种方法。对装备智能化保障体系进行仿真的实质就是在计算机中构建体系模型并进行仿真,以便揭示体系的"涌现"特征及运行规律。对本书而言,就是要研究一种建模与仿真的方法,支撑如何在计算机中高保真地模拟装备智能化保障体系真实的运行情况和演化规则,支撑如何仿真体系中智能化保障资源、智能化保障流程、智能化保障管理、智能化保障决策等活动,支撑如何对智能化保障体系进行评估和优化。具体的评估和优化方法,不在本书的研究范围内。

4.2.1 基于离散事件的仿真方法

离散事件仿真是指在仿真过程中,仿真实体的状态随离散化的时间变化而变化。采用这种方法的仿真系统可以不按物理时间运行,从而大大提高仿真效率。目前国外对基于离散事件的仿真研究已经非常广泛。2001 年 Banks 等全面分析离散事件仿真的理论与方法,推出 Discrete Event System Simulation[42]一书,为基于离散事件的仿真提供了深厚的理论基础,为离散事件仿真应用的实践和推广作出了突出的贡献。Gordon[43]和 Law 等[44]对离散事件仿真的构建步骤开展了深入的讨论,提出一套完整的仿真流程,同时分析各仿真步骤的验证方法。Enzo M. Frazzon 等[45]使用离散事件的仿真方法对智能维修系统和备件供应链进行建模和仿真,重点研究装备维修状态与备件库存系统的协同关系。Meissner Robert 等[46]使用离散事件仿真框架对航空工业的维修策略进行建模仿真,重点分析维修成本与提高飞机可用性之间的关系,并提出优化的维修策略。Shchur 等[47]则研究并行离散事件仿真中的保守和乐观的同步策略,并提出相应的优化算法。Massimo Ficco 等提出基于高层体系结构（High Level Architecture，HLA）的针对大规模系统的仿真框架，该框架采用离散事件仿真方法，将系统分解为若干子系统，最后基于 HLA 进行协同仿真。Raczy 等[49]提出一种基于排序的兴趣匹配算法，大大提高数据匹配性能。

　　国内对离散事件仿真的研究也非常多，已经应用于生产生活各个方面，比如付建林等[50]基于离散事件仿真对柔性制造系统生产过程进行了仿真，基于仿真结果对生产策略进行优化。邓克波等[51]对防空 C^4ISR 系统结构的评估采用基于离散事件仿真的方法，建立防空系统仿真实验评估的指标体系和计算模型，并对比两种 C^4ISR 系统结构的目标探测概率和分配率，验证仿真方法的有效性。梁洪波等[52]研究基于 HLA 的离散事件仿真的数据分发管理方法，提出一种并行区域匹配算法，大大降低计算量。秦艳超[53]针对汽车备件仓储系统进行离散事件仿真建模，并进行优化设计，还使用 Arena 仿真软件构建案例对研究成果进行了验证。豆超勇等[54]对武器装备维修保障分队基于离散事件的建模与仿真方法进行研究，为装备维修保障模拟训练系统开发提供实验和验证平台。严国强等[55]对联合作战模拟训练进行研究，设计针对联合作战训练仿真推演的离散事件仿真引擎，提出基于复合事件的时间推进策略和跨域部署的模式，并在实际的训练系统中进行推广应用。

　　根据系统建模方法可将仿真分为两类，一类是连续系统仿真，另一类是离散事件系统仿真。离散事件仿真是指系统状态在某些离散的随机时间点上发生变化。对于装备智能化保障体系仿真而言，以维修保障流程仿真为例，整个过程由装备零部件故障驱动，根据装备损坏程度确定零部件送到相应的维修保障机构做相应的维修，在此过程中对维修人员、装备备件、维修设备等相关保障资源进行匹配，如图 4.1 所示。

　　该过程属于典型的随机事件过程，实体状态的改变具有较大的随机性，其中零部件维修的流程可以抽象为排队系统。例如，零部件的维修状态可分为"排队"和"被维修"，维修设施的状态可分为"忙"和"闲"，当有零部件被维修时，维修设施的状态为"忙"，否则为"闲"，每当维修结束和有故障零部件到达事件发生时，维修设施的状态都会发生改变。这种动态随机的特性，很难用数学方程式来描述，只能使用流程图或状态活动图来描述，可以分为单个维修队列的

第4章 装备智能化保障体系分布式混合仿真框架

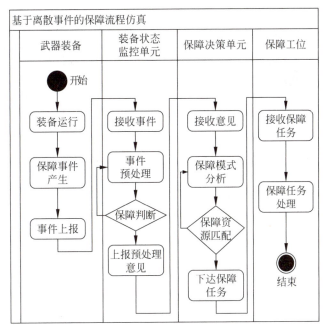

图 4.1 基于离散事件的保障流程

单排队系统和多个维修队列的多排队系统,如图 4.2 所示。

因此,鉴于无法得到系统动态过程的解析表达,故可以采用离散事件仿真的方法对装备智能化保障体系的运行流程建模,对流程中产生的数据进行统计分析,支撑验证体系效能,这也是离散事件系统仿真的一个特点。

离散事件仿真系统基本上由以下 7 部分组成。

(1) 实体。系统中的实体是仿真必不可少的要素,包括永久和临时两类实体。永久实体一直存在,是仿真系统运行的基础要素,可支撑系统中临时实体的运行。临时实体只生存一段时间,从系统外进入系统内,经过系统转换状态后便离开系统。装备智能化保障体系中的实体模型主要包括支撑保障活动使用的设备、设施,实施保障活动的保障人员以及消耗的保障备件等。在装备智能化保障体系仿真中,保障设施、保障人员、保障设备、武器装备等属于永久实体,保障备件、故障零部件、保障消耗品等属于临时实体。

(2) 状态。状态是一组变量,可以用某一时刻实体的属性集合来表示。

(3) 事件。事件对仿真过程也非常关键,在离散事件中,事件会对实体状

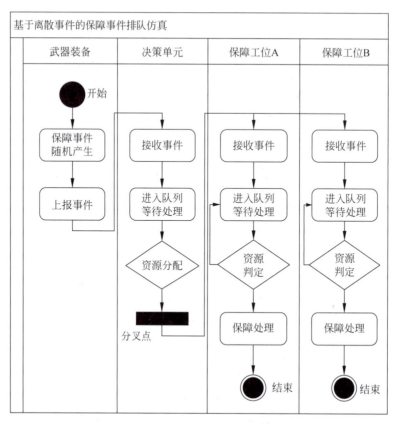

图 4.2 基于离散事件的保障事件排队系统

态造成影响，也可以驱动仿真系统运行。仿真中的事件基本都与实体关联，可以由时间触发，如装备的零部件达到一定的运行时间，就需要进行日常保养；也可由别的事件触发，如消耗备件一旦到达保障设施，就会被消耗掉而离开系统。

（4）活动。活动表示实体在两个事件之间经历的过程，标志着系统状态的变化，如零部件从进入维修设施开始维修到修好的过程，就是一个维修活动。

（5）进程。事件以及活动运行过程中的每个阶段即进程，进程间存在顺序，代表活动以及事件间的时间相关程度和逻辑关系。

（6）仿真时钟。仿真时钟是对真实时钟的模拟，每个实体会在内部维护一个仿真时钟，在每个时钟周期内进行一次逻辑推进。

（7）随机数生成器。在构建智能保障体系的仿真模型时，需要用到随机数据，所以需要利用生成器来生成随机数据。这种数据是伪随机数，主要是驱动仿真对同一行为重复运行。

基于离散事件的装备智能化保障体系仿真过程就是构建上述几种实体模型,在仿真时钟的推进下,通过产生的仿真事件来驱动仿真运行,形成一系列活动,推动系统状态转换,如图 4.3 所示。图中用 BPMN 流程图对仿真中的事件和活动流程进行了展示,用 UML 状态图描述了仿真实体的状态转换。

下面给出装备零部件维修过程仿真的示例,具体描述离散事件仿真中实体、事件、活动以及进程之间的关系,其仿真过程如图 4.4 所示,零部件维修进程中各仿真实体、事件等都维护一个共同的仿真时钟,由零部件故障这个随机事件以及牵引出的一系列事件驱动,组成了各个活动,推动各实体的状态发生改变。在该进程中,实体的仿真时钟并未按照真实时间进行,而是离散化地由仿真事件推进到下一个事件的产生时刻。

采用离散事件仿真方法的优势在于可以用一种简单、近似的方法对复杂且难以通过数学模型进行求解的系统进行建模分析,可有效仿真系统的运行流程,分析仿真结果与初始化参数之间的关联关系,从而指导实际系统。离散事件仿真能够通过增加模型细节来高保真地模拟实际系统的运行状态。

4.2.2 基于多智能体的仿真方法

在对复杂系统进行研究的过程中,美国圣塔菲研究所的学者提出了基于智能体的仿真方法,采用的是自下而上的建模与仿真思想。智能体(Agent)是一种能够自动感知环境,与外界进行自主交互、自动响应并具有一定学习、推理和自适应能力的智能实体。在当前人工智能技术迅速发展的时代,基于智能体的仿真被广泛应用于复杂智能系统的研究,通过智能体之间的相互作用来揭示复杂系统涌现出来的特性。在很多领域都展开了针对智能体的建模与仿真研究,已取得了很多成果[56-58]。在社会科学中,智能体可以仿真人的行为;在经济系统中,智能体可以仿真生产要素或企业行为;在生物科学中,智能体可以仿真动植物的生长和演化;在工程技术领域,智能体可以模拟软件模块等。智能体不仅具有自治能力、交互能力、学习和思考能力、执行能力、位置属性等行为特征,还可以有责任、状态、目标、信念等精神特征。图 4.5 给出了智能体的基本结构。

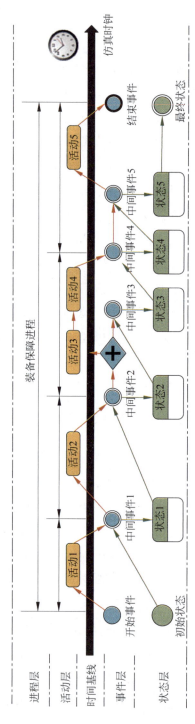

图 4.3 基于离散事件的装备智能化保障体系仿真方法

第4章 装备智能化保障体系分布式混合仿真框架

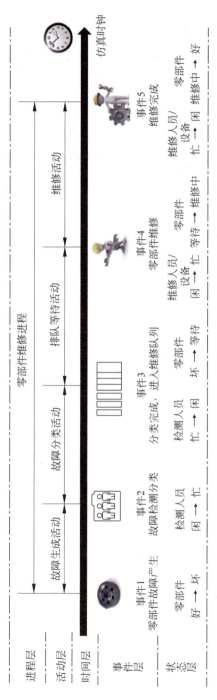

图 4.4 基于离散事件的装备零部件维修过程仿真

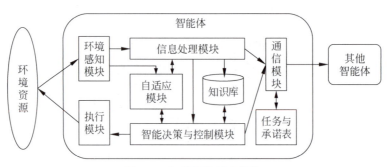

图 4.5 智能体的基本结构

因此,在对作战体系或装备智能化保障体系的建模与仿真中,可用智能体来模拟微观个体,基于智能体间的关联关系以及信息交互构建体系模型,最后通过智能体自底向上聚合来揭示体系整体的运行规律。

多年前,国外就已经将基于智能体的技术应用于军事仿真。美国国防部使用智能体仿真方法构建了一个决策支持系统,在执行作战保障任务前,通过仿真来模拟整个过程,用于评估和论证作战保障方案,大大提高维修保障人员的安全性,减少伤亡[60]。GaborKarsai 等[61]利用智能体技术构建了飞机的可视化后勤保障系统,该系统可以对外界输入进行自适应响应并进行智能决策、优化调度,大大提高了装备的修复率,减少装备的维修费用。Florentin Heck 等[62]针对当前装备故障诊断与监控系统的问题,运用智能体仿真方法对现有系统进行仿真建模,引入新的体系结构,并基于 CORBA 协议使用 KQML 语言实现了智能体之间的通信,实现对装备的远程监控和故障诊断监控。Don Perugini 等[63]通过智能体仿真对武器装备保障中的后勤运输问题进行研究,通过仿真来优化并规划运输路线建模。美军使用基于智能体的仿真模拟训练来加强作战人员的专业技术水平,提升控制系统的指控效能[64]。

国内研究者在基于智能体的装备保障仿真研究领域也取得了一定的成果。由勇等[65]总结航空维修保障信息的特点,基于智能体技术构建相应的管理框架,提出新的维修保障信息描述范式,并通过智能体进行自动处理,提高系统的信息处理效率问题。王吉星等[66]分析在装备保障仿真中采用面向对象方法的不足,构建装备保障系统基于多智能体仿真的体系结构,最后通过一个智能体仿真的应用案例验证方法的正确性。翁华明[9]对装备维修保障决策问题进行研究,构建基于智能体的决策模型,设计并实现了原型系统。高军等[67]对装备供应保障管理系统的功能和结构进行分析,讨论基于智能体的装备供应保障系统的思路,提出基于智能体的装备供应保障决策支持系统的体系框架。

装备智能化保障体系需要对大量的指挥控制实体、作战装备、保障实体进行建模,整个系统的行为极其复杂。基于离散事件的仿真方法虽然可以有效地对体系的运行流程进行仿真,但是在仿真细节,特别是对体系中智能实体的建模能力还有所欠缺。基于多智能体(Multi-Agent)的建模仿真技术采用自底向上的模式,可以很好地通过研究个体行为以及实体间的交互来展现体系运行的规则以及系统的"涌现"特性。

本书中的智能体能够自适应运行,根据从外界获取的信息进行相应的反应,可以自主推理和学习,并能与其他智能体通信、互相协调、相互协作,从而完成特定任务。目前,对智能体的建模研究主要分为三类[60]。

(1)慎思型智能体:主要通过主观上的认知,结合心理学相关理论,对思想、理念、希望以及意图等主观上的认知进行描述,并利用规划、推导和决策来建立心智模型结构。

(2)反应型智能体:不具备很强的逻辑分析能力,对外部输入的处理仅依靠内部简单的"条件-动作"规则集来描述。

(3)混合型智能体:属于上述两种智能体模型的结合体,既具有心智思考的能力,也具有"条件-反应"的行为准则。

慎思型和反应型智能体,其体系结构如图 4.6 所示。

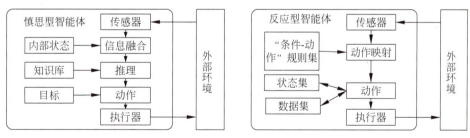

图 4.6　慎思/反应型智能体模型结构

装备智能化保障体系中的实体模型可分为两类,一类是具有智能自主属性的实体,比较适合使用智能体方式来建模,包括保障人员、保障设备、包装/装卸/储存/运输、武器装备、装备零部件以及装备使用人员等;另一类是不具备智能属性的实体,如保障备件、保障设施、技术资源、计算机资源等,还是按照离散事件仿真的方法进行建模。

在保障体系中具有智能自主属性的实体中,由于保障设备、包装/装卸/储存/运输等实体内部不存在复杂的逻辑推理模型,仅是简单地对外部输入的事件进行反应从而发生状态变化,可以将其划分为反应型智能体。而保障人员、装备使用人员需要根据各种输入进行方案决策、分析以及智能学习,将其划分为慎思型智能体。武器装备由各种复杂的组件构成,各种组件之间又存在复杂的交互关系和迭代关系,将其归为混合型智能体,如图 4.7 所示。

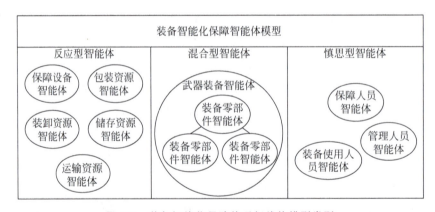

图 4.7　装备智能化保障体系智能体模型类型

在进行智能体模型构建的过程中,还应该考虑某些类别的智能体可以有机结合成一个组合进行协作,例如多个保障人员智能体组合成为一个保障小组,小组成员之间的消息传递仅局限在小组内部,一定程度上可减小系统的通信负荷。

在上述模型分类中,由于人在思维以及行为能力上存在较强的主观性,而需要保障的资源是客观存在的事物,在对系统进行仿真前,应该清楚地认识到操作人员和资源间的主从关系,从而将整个系统构建成慎思型智能体为主导,其他智能体为被控对象的仿真系统。这样更贴合实际,可以得到一个接近实际的仿真保障体系,如图 4.8 所示。

基于多智能体的装备智能化保障体系建模与仿真的优势主要表现在以下 4 方面。

(1) 智能体的自适应与协作能力。由于智能体具有自适应运行、智能感知、逻辑推理、合作协商等能力,可以和外界环境发生主动或被动的交互,可以

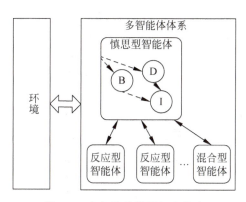

图 4.8　多智能体模型组合策略

针对输入事件进行更高效的决策。

（2）智能体的自主计算与及时响应能力。在高动态变化的战场态势下，智能体自身的自主计算能力能够给系统运行带来及时的响应方案，为决策者提供辅助决策方案。

（3）智能体的社交能力。一般情况下，用户界面需要相关按钮完成人机交互，且系统越复杂交互界面也越复杂。而系统的操作复杂也给系统性能带来一定影响，特别是系统的稳定性，智能体可以组成一个互相协作、信息共享的智能系统，且系统的稳定性也不会被影响。

（4）智能体灵活的内部架构与演化机制。基于智能体进行仿真可以实现自由灵活的体系结构，智能体可以随时加入仿真，也可以随时退出仿真，不会对系统结构造成破坏。这个特点对对比调优多个保障方案优势明显。

因此，基于智能体仿真的优点可以将离散事件仿真模型中的部分实体按照多智能体仿真方法进行建模，以突出保障体系智能化、自适应的特点，如图 4.9 所示。整个仿真是以智能体活动为核心，与外部环境不断交互、循环往复的过程。智能体在数据库、规则库、知识库的支持下，接收外部消息，进行自主反应、逻辑推理和训练学习后，自主制定行动计划并实施执行，同时对状态进行更新，并对外发送消息。这种强大的自适应和智能化能力，使得若干智能体集合在一起，能够自底向上地展示智能化体系的演化过程。

下面给出基于智能体仿真方法构建的零部件维修保障流程的案例，如图 4.10 所示，以仿真事件和仿真时钟的推进为主线，构建各个智能体模型。武

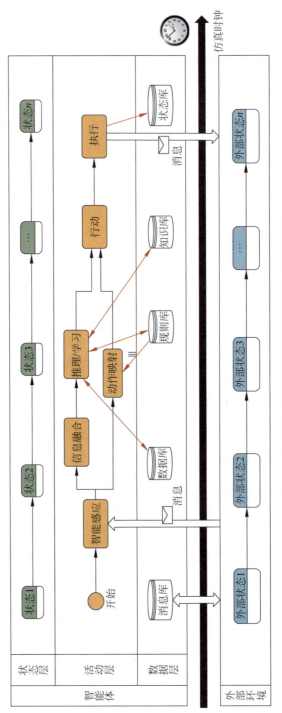

图 4.9 基于多智能体的装备智能化保障体系仿真方法

第4章　装备智能化保障体系分布式混合仿真框架

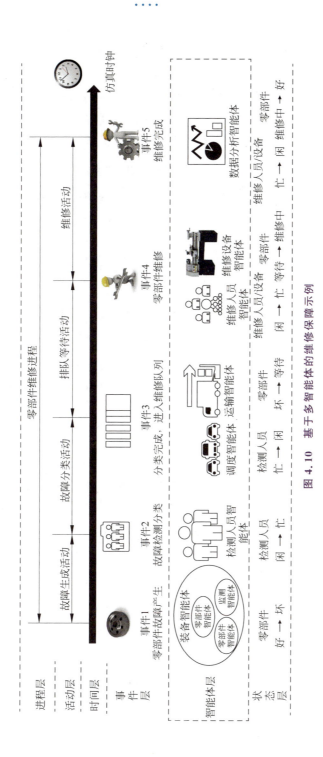

图 4.10　基于多智能体的维修保障示例

器装备智能体仿真模型由若干零部件智能体和智能监测智能体组成。零部件智能体内部维护一个随机函数,模拟故障事件的产生。智能监测智能体可采集零部件智能体的实时运行数据,通过一定的故障诊断算法对故障进行判断、预测和告警,实现智能化监控。检测人员智能体在收到零部件故障的消息后,可自主对故障零部件进行分类送检,然后由调度智能体规划最优路线,运输智能体将其运送至维修地点进行维修。按照前文设计,维修人员智能体与维修设备智能体组合为多智能体系统协作起来对故障零部件进行维修操作。数据分析智能体负责统计和分析各种数据。

4.2.3 基于离散事件和多智能体的混合仿真方法

基于离散事件的仿真是当前比较通用的仿真方法。在仿真过程中,由于社会、经济、军事等系统内部非常复杂,仿真实体的行为往往在仿真时间的离散点上触发,很难构建它们的数学模型,因此比较适合使用离散事件仿真的方法对其进行研究。基于离散事件的仿真其实体状态和仿真时间随着事件的发生而更新,而不是像连续系统一样更关注仿真实体本身,因而本质上仿真的效率更高[68,69]。

基于智能体的仿真方法与基于离散事件的仿真方法相比有明显的不同:智能体强调个体,通过个体聚合来研究整体"涌现",更适合对复杂系统进行研究;且智能体具有一定的智能特性,可以自适应响应外部环境的变化,其通信特性使其易于与其他交互式组件进行集成,仿真架构也更灵活[70]。但是,基于智能体的仿真需要更多的算力来支撑每个智能体的运行以及智能体间消息的处理,这对时效性要求较高的仿真来说是一个潜在的问题。因此,为了减少仿真运行时间,同时保证仿真过程的有效性,将离散事件仿真和智能体仿真进行结合是一个很好的办法,于是混合仿真理论[71,72]应运而生。

基于智能体仿真和离散事件仿真的混合仿真方法出现后受到了广泛的关注,在很多领域开展了应用。Lee等[71]对领空管理系统采用混合仿真的方法进行研究,提出一种基于面向对象和基于智能体相结合的混合建模方法,该方法在仿真模型构建过程中用一个类结构来描述同一类智能体,这样减小了同一类智能体之间交互障碍,有效提升了系统效率。Gambardella等[73]运用混合仿真的方法为铁路/公路联合运输开发了一套仿真系统,系统中采用基于智能体的仿真方法对运输计划编制人员进行建模,负责联运单元的调度和计划,采用离散事件仿真方法对公路运输、铁路运输和站点作业进行仿真,以对运输计划进行评估和选优。Sridhar等[72]提出一种混合仿真的框架,该框架使用离散事件系统规范(Discrete Event System Specification,DEVS)实现仿真的逻辑控制,仿真实体采用智能体方法进行建模实现了基于规则的推理。

目前商用软件中,支持混合仿真的架构和工具还比较少,HLA[74]是其中之一。HLA 由美国在20世纪90年代中期提出,其主要思想是采用分而治之的方法,将同一类或者同一计算节点的仿真实体组成一个联邦成员,各联邦成员按照规定的协议进行并行仿真,达到对整个系统仿真的目的[75]。因此,HLA 支持异构仿真互联的特性可为混合仿真提供支撑运行的中间件。但其不足之处是,HLA 只是一个体系架构,仅提供了底层运行框架,具体的混合仿真应用还需要用户自己构建,目前还没有统一的标准。

由于对装备进行智能化保障的过程是一个典型的军事仿真分析过程,具有典型的离散事件特点,因此最常见的仿真方法就是使用基于离散事件的仿真对装备保障过程进行建模。多智能体仿真是近些年来的一个热门研究方向,尤其是多智能体仿真与人工智能的结合。装备智能化保障体系以及作战装备体系往往具有很多的实体元素,这些元素相互作用,相互影响,都难以用定量的数学表达式去描述体系的效能和"涌现"性,所以采用多智能体的仿真方法对保障体系和作战装备体系中的要素进行分析是一个很好的办法,而且在维修保障的过程中,一些需要决策的要素也可以由智能体来建模,从而更真实地还原装备智能化保障体系的运行过程。

对于装备智能化保障体系这类复杂系统,有必要从微观和宏观两方面来建立个体和系统规律间的关系。一般情况下,很多仿真方法仅考虑个体和系统某一维度的内容,存在一定的片面性,因此,需要摒弃单一的仿真建模方法,采用多维度仿真的思想。因此,本书提出一种基于多智能体和离散事件的混合仿真方法对装备智能化保障体系进行仿真,研究在典型的军事作战流程中各种智能化实体的微观行为对整个保障效能的影响或者在体系整体效能的约束下各智能体的演化过程,这就有效建立了宏观规律和微观演化之间的联系。

在对装备智能化保障体系运行框架和流程进行仿真的过程中，由于体系内涵非常复杂，很难建立解析表达式，常常会使用离散事件仿真的方法来对真实系统进行近似模拟。它将整个体系近似为由一组发生在随机的离散化时间点上的离散事件组成，整个仿真聚焦在仿真事件以及由它引起的实体状态变化上，因此能很好地研究系统整体的运行效能，也能提高仿真效率。

当需要对保障体系某一环节中的智能化元素进行仿真时，应采用多智能体的方法。智能体是属于人工智能领域的技术，是具有智能性、推理性、预测性等特征的计算实体，可以天然地对智能化保障体系中的智能实体进行仿真。而且对于装备智能化保障体系这样一个复杂大系统进行仿真，其组成要素数量众多、交互复杂、结构多变、自适应运行，存在大量的决策需求，难以完全采用基于离散事件的仿真方法。因此，将基于多智能体的仿真方法运用于装备智能化保障体系的研究，为复杂系统的分析和仿真提供了一种全新、高效的解决方案。

综合以上思想，为了提高仿真效率，需要在同一个仿真支撑环境中同时运行基于离散事件和多智能体的仿真，实现混合仿真。在仿真过程中，采用不同仿真方法建立的模型可以同步推进，模型间的交互可以无障碍进行，仿真数据可以自由传输，无须通过中间件进行转换，仿真实体也能够统一管理。图4.11给出了装备智能化保障体系的分布式混合仿真的体系架构。

图4.11中，整个仿真系统在体系结构上被分为五层结构。

第一层是网络通信层，包括混合仿真系统的通信协议，为整个系统的实体提供基础的消息发送、数据通信服务。

第二层是仿真支撑层，为仿真的运行提供仿真模型管理、仿真运行管理、仿真资源管理、仿真数据管理、仿真时间管理、数据分发管理等服务，以及存储的智能体模型库、基础模型库、智能规则库、专家知识库、仿真数据库等。

第三层是混合建模层，整个仿真以多智能体模型为主要模型。在涉及保障流程方面的问题时，采用基于离散事件的仿真方法，通过随机事件在离散的时间点上驱动仿真运行。对离散事件仿真中具有智能因素的仿真实体采用基于智能体的方法来建模，这些智能体模型通过感知和接收来自环境或离散事件仿真事件产生的消息和数据，推动自身的活动进行和状态变迁，产生的消息也可以输出给环境或离散事件仿真实体，从而实现混合仿真。

第4章　装备智能化保障体系分布式混合仿真框架

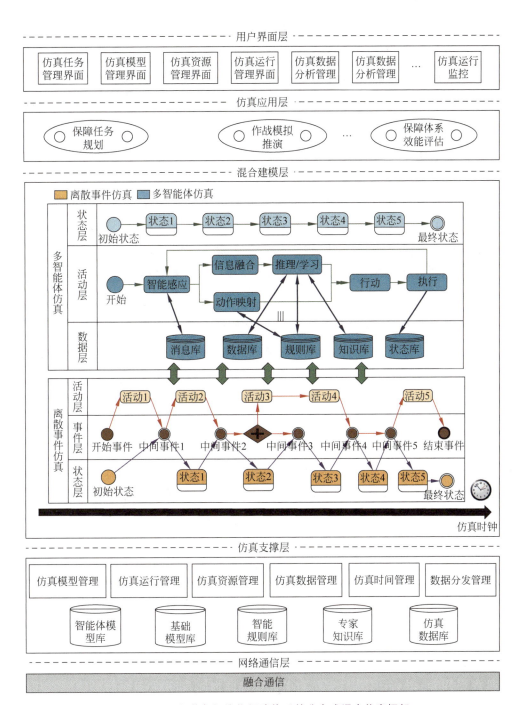

图 4.11　面向装备智能化保障体系的分布式混合仿真框架

第四层是仿真应用层,在混合仿真模型的基础上进行各种应用,比如保障任务规划、作战模拟推演、保障体系效能评估等。

第五层是用户界面层,提供混合仿真系统的人机交互界面。

具体来说,混合仿真的"混合"体现在:多智能体仿真有别于传统的"自顶向下"的建模方式,采用的是"从下往上"的建模技术,而离散事件仿真则从总体流程上控制保障体系的运行规律。这两种建模方法各自的局限性可以通过"混合"的方法来避开。多智能体模型通过描述装备智能化保障体系的底层实体,将它们的状态数据或某些特性作为离散事件仿真模型的输入;同样,离散事件仿真实体的输出数据也可以作为输入参数传递给智能体模型。以装备保障备件的供应链为例,用多智能体方法对装备保障体系进行仿真,通常很难描述保障备件和资源的宏观趋势,所得到的结果也难以解释真实情况。而单纯用离散事件仿真对保障备件的供需关系进行描述,往往无法展示底层实现的细节,也难以展示系统中的智能化决策或自适应的特性。但是如果用多智能体仿真对装备智能化保障中的仿真实体进行模拟,再用离散事件模型描述供应链系统变化的长期趋势,就可以完美地将两种方法的优点进行整合,这样也更接近实际系统的情况。

因此,在混合的基础上需要重点研究"合"。对两种不同机理的仿真进行混合一般有两种方法,一种是在模型层面进行整合,另一种是在仿真层面进行整合。在仿真层面进行整合一般通过仿真引擎中间件的方式进行,这种方法实现较为复杂,且难以取得很好的同步效果。本书将重点研究模型层面的混合,通过一致的仿真模型描述来实现同一引擎下的仿真。

4.3 分布式混合仿真的关键技术

对于仿真研究来说,最重要和最难的就是建立模型描述以及驱动模型在计算机中运行,即建模方法和仿真运行管理。混合仿真的建模方法研究在于如何将多种不同类型、不同层次、不同维度的模型集成为可支撑一致仿真的统一模型。仿真运行管理的核心是混合仿真引擎的设计与开发,主要的关键技术包括仿真时间管理和仿真数据分发。

4.3.1 分布式混合仿真统一建模描述

本书 4.2 节主要论述了装备智能化保障体系的概念建模框架和方法,但是这样的模型无法直接运行,还不足以支撑对装备智能化保障体系的仿真,因此需要将这样的概念模型转换为仿真模型。本书第 3 章中提出了装备智能化保障体系采用混合仿真的方法,其仿真模型也应该是混合的。但是这些混合的仿真模型一种是复杂系统仿真,另一种是离散事件仿真,其内部推进机制不同,很难有效整合到一起,因此必须采用一种统一的仿真建模语言来进行描述,屏蔽混合带来的混乱。离散事件系统仿真规范[99](DEVS)是一种很好的方法,该方法基于离散事件方法,采用面向对象的建模思想,对仿真模型进行层次化、模块化的描述,可以清楚地抽象出系统的输入/输出变量与系统内部状态变化的相关性。相关学者对 DEVS 进行了深入的研究,采用对离散事件模型进行量化积分的方法[100]实现了对连续系统模型的描述。因此,DEVS 用于统一描述离散事件模型和多智能体模型,很好地解决了模型混合的问题。混合建模的实现思路见图 4.12。

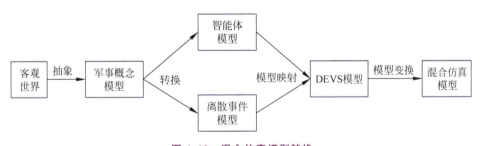

图 4.12　混合仿真模型转换

1. DEVS 建模框架

DEVS 建模框架[101]包括原子和耦合两个层级的模型描述规范。原子模型是最细分的模型单位,描述在外部输入事件激励下,通过模型的内部状态转换和外部状态转换规则的运行,产生输出事件的过程。耦合模型则利用耦合关系将不同的原子模型或耦合模型进行组合,描述系统模型的组织架构以及相互之间关系。

1) 原子模型

从本质上看,原子模型是一个有限状态机,它具有与外界交互的输入/输出端口,可以从外界接收事件,作为状态机的输入,也可以将状态变化的结果输出,从而对其他模型产生影响。可以用一个七元组来定义原子模型:

$$AtomicModel\ 1 = <X, S, Y, \delta_{int}, \delta_{ext}, \lambda, ta>$$

其中,

X:从外部接收的、作为模型输入的事件集合,这些事件包括具体的数值和名称等;

S:模型状态的集合;

Y:模型内部产生的,对外输出的事件集合,输出事件包括名称和事件值等;

δ_{int}:模型状态的内部变换函数,在外部环境没有事件输入时,经过 $ta(s)$ 的时间后,模型状态变成 $\delta_{int}(s)$;

δ_{ext}:模型状态的外部变换函数,当发生一个 $x \in X$ 的外部输入事件时,模型在 s 的状态下持续了 e,则模型的状态变换为 $\delta_{ext}(s, e, x)$;

λ:模型状态的输出函数,以模型状态为输入,运行于内部状态 s 发生变化前,在 s 发生状态变换时,$\lambda(s)$ 产生一个事件通过输出端口输出;

ta:表示时间的推进函数,$ta(s)$ 表示在无外部环境的输入事件时,模型保持状态 s 的时长,$ta(s) = +\infty$ 表示无外部环境的输入事件时,模型状态保持不变;$ta(s) = 0$ 表示模型不再停留在 s 状态,立即发生转换。

2) 耦合模型

耦合模型是一组模型的组合,可以利用耦合关系将不同的原子模型或低级别耦合模型进行组会,可构建更复杂的具有层次结构的耦合模型。整个模型包括事件集合、内部组件、外部端口以及耦合关系等。具体的描述如下:

$$ConstructedModel = <X, Y, D, \{M_d | d \in D\}, EIC, EOC, IC, select>$$

其中,

X:从外部接收的,作为模型输入的事件集合,输入事件一般包括事件值和输入端口相对应的名字；

Y：模型内部产生的,对外输出的事件集合,输出事件一般包括事件值和输出端口的名字；

D：耦合模型中包含的所有原子模型和耦合模型的集合；

M_d：$\forall d \in D$,M_d 为原子模型；

EIC：将外部接收的,作为输入的事件传输到模型内部接口的连接方式集合；

EOC：将模型内部的输出事件传输到模型输出端口的连接方式集合；

IC：耦合模型内部各子模型的接口连接关系；

$select$：裁决器,主要解决：①如果模型内部在进行状态转换时,外部事件突然到来,如何裁决两类事件执行的先后顺序；②如果耦合模型中的子模型发生并发的状态变换,如何裁决并发事件的先后顺序。

2. 基于 DEVS 的智能体模型转换

Agent-DEVS 是 DEVS 建模规范的扩展形式,用于多智能体的建模与仿真。智能体模型可以简单描述为在一定目标指引下,可自主运行并具备一定学习和推理能力的实体,其状态可根据内部或外部的事件进行更新,并对环境产生输出和影响。Agent-DEVS 中每个智能体都是原子模型,可通过消息进行交互、连接,聚合到多智能体耦合模型中,Agent-DEVS 的原子模型形式化描述为

$$\text{Agent-DEVS} = <X, S, Y, O, K, \delta_{\text{int}}, \delta_{\text{ext}}, \tau, \lambda, ta>$$

其中,

X：外部输入的事件集合,包括感知到的环境变化、输入端口名称、属性值、输入消息集合；

S：智能体状态的集合；

Y：输出事件的集合,包括输出端口、属性值、输出消息集合；

O：智能体的目标集合,表示每个智能体运行期间要达到的目标或状态；

K：智能体的知识库,表示智能体通过学习或推理所依赖的历史数据或信息,知识库随时间推进而不断更新和累积；

δ_{int}：系统状态内部转移函数,在没有外部事件输入的情况和一定规则的

影响下,经过时间 $ta(s)$ 后,将状态转换为 $\delta_{int}(s,\tau,o)$,这是模型自治的体现;

δ_{ext}:模型状态的外部变换函数,模型的状态为 s,持续时间为 e,当一个 $x\in X$ 的事件发生时,将其作为模型的输入,则模型的状态在一定规则和知识的作用下转换为 $\delta_{ext}(s,e,x,\tau,o)$;

τ:规则的集合,表示智能体根据外部输入事件 X 或状态的改变而产生的一些相关反应;

λ:输出函数,表示智能体内部的行动执行,并输出当前模型的状态、消息等;

ta:表示时间的推进函数,$ta(s)$ 表示在无外部环境的输入事件时,模型保持状态 s 的时长,$ta(s)=+\infty$ 表示无外部环境的输入事件时,模型状态保持不变;$ta(s)=0$ 表示模型不再停留在 s 状态,立即发生转换。

Agent-DEVS 的耦合模型形式化描述为

ConsAgent-DEVS=

$<X,Y,S,A,O,\{M_a|a\in A\},\{\sum k_i\},EIC,EOC,Comp,select>$

其中,

X:外部输入事件集合,包括感知到的环境变化、输入端口名称、属性值、输入消息集合;

Y:输出事件集合,包括输出端口、属性值、输出消息集合;

S:多智能体体系的状态集合,可表示体系涌现出的一些整体特性;

A:耦合模型的所有智能体组件集合;

O:多智能体体系的目标;

M_a:$\forall a\in A$,M_a 为智能体原子模型;

$\sum k_i$:群体智能因素,由 $select$ 函数决定;

EIC:对内输入连接关系的集合,包括组合模型的外部输入端口到模型内部组件输入端口的连接关系;

EOC:对外输出连接关系的集合,表示模型内部组件的输出端口到组合模型外部接口之间的连接关系;

$Comp$:智能体内部的连接关系,表示模型组件之间的组件输出到其他组

件输入端口的连接关系,以及交互的规则,包括协商共同解决问题;

select:主要处理三类问题:①如果模型内部在进行状态转换时,突然来了一个外部事件,如何裁决两类事件执行的先后顺序;②如果耦合模型中的子模型发生并发的状态变换,如何裁决并发事件的先后顺序;③当耦合模型内的单个智能体集成到一起时,计算整体的群体智能水平。

Agent-DEVS 模型从智能体的建模思想出发,对 DEVS 模型进行扩展,增加对于智能体模型的描述。由于 DEVS 采用离散事件驱动的仿真机制,使得对多智能体的建模与仿真更加高效和准确。

如图 4.13 所示,在 Agent-DEVS 模型的类图中,类 AgentModel 是从原子模型类 Agent-DEVS Model 继承过来的,混合仿真中智能体模型可以按照该类来进行实例化。每个智能体模型包含名称(AgentName)、属性集合(Attributes)、状态集合(AgentState)、规则集合(rules)以及知识库集合(AgentKnowledge)等,还包括收发消息、规则维护、时间推进、行动、感知等函数。

4.3.2 分布式混合仿真的时间管理

1. 基本概念

在仿真系统中有很多关于时间的概念,下面给出几个比较重要的定义。

定义 4.1 物理时间:指现实中的时间。

定义 4.2 墙钟时间:仿真系统的时间,以某物理时间为原点开始计时。

定义 4.3 逻辑时间:又称仿真时间,是指仿真实体的基于墙钟时间的相对时间。

在仿真系统中,系统的墙钟时间会一直向前推进。对于离散事件仿真系统,仿真成员的逻辑时间推进由事件的发生驱动,因此各个仿真成员的逻辑时间有可能不同。由于仿真中的交互事件或消息都通过标记时戳来指明发生的先后顺序,当各仿真实体集成到一起之后,为了使系统中事件或消息的逻辑顺序不发生错误,就需要时间管理服务来控制和协调仿真成员的时间同步和推

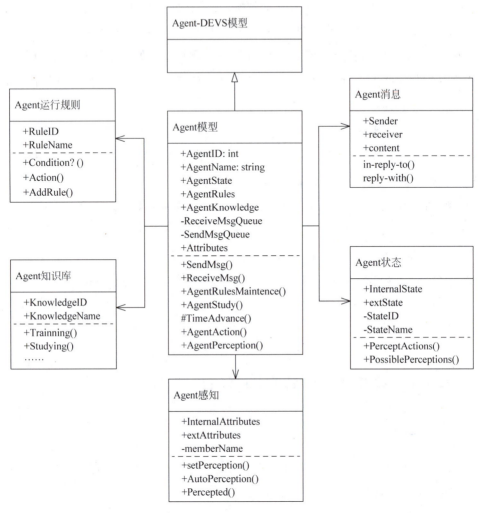

图 4.13　Agent-DEVS 模型类图

进。只有通过统一的时间管理，才能使仿真引擎按照正确的逻辑顺序把事件或信息发送给各仿真成员。如果不对时间进行统一管理，在图 4.14 所示案例中就发生了现实世界中不可能出现的错误的事件：坦克的 LP_1 进程发生了一个开火的事件，然后同时将该事件发送给目标 LP_2 进程和观察者 LP_3，正确的因果顺序是坦克发射炮弹后，目标发生爆炸，并把爆炸的事件发送给观察者，观察者才能获取到目标爆炸的信息，但是由于某些原因，导致观察者先收到了目标发送的爆炸事件后才收到坦克开火的事件,所以导致观察者看到的是目标在坦克开火前就爆炸了,这就是仿真中的事件因果错误。

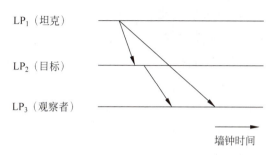

图 4.14　分布式并行仿真中的时序错误

时间管理机制是分布式混合仿真的核心功能,它直接影响着分布式仿真执行的正确性。一个好的时间管理算法应该在保证时序正确的情况下尽可能提高仿真逻辑进程的并发性,以提高仿真效率。除此之外,时间管理机制还应具有良好的兼容性,要能支持类型各异的仿真成员间的互联互通互操作。

2. 时间推进方式

不同的仿真方法,其时间推进方式也不相同。面向装备智能化保障体系的混合仿真模拟的是典型的军事活动,其特点就是仿真事件的发生具有一定的随机性,由特定事件驱动,因此推进方式上是与离散事件仿真系统一致的。因此在具体实现层面,仿真模型用面向事件、面向进程、面向活动的方法进行描述,大多由随机函数来触发。面向装备智能化保障体系的混合仿真有如下两种基本的推进方式。

(1) 以时间为单位推进:将连续的时间离散化为固定长度的分段,以分段的时间作为每次推进的仿真时长。在每次推进中首先检查事件列表,检查在本时长内是否有事件发生。若有,则处理相关事件,更新仿真实体的状态,然后再向前推进,更新仿真时钟;若无,则仿真时钟向前推进一个时长;如果在推进仿真时长中有多个事件发生,则按照事件发生的先后顺序来执行。

(2)以事件为单位推进：仿真时钟的推进不按照固定步长来累加，而是按照事件的发生来触发更新时钟。对于离散事件仿真而言，两个仿真事件如果相邻，而且也不会发生任何导致系统状态发生变化的事件，此时仿真时钟可以直接更新到事件发生的时刻，逻辑进程也可以直接处理下一个事件。以时间为单位的推进方式存在一定的缺陷，仿真事件的发生时间被记为每次步长的结束时间，导致无法区分事件的发生时间，与真实的情况差异较大。为了解决这个问题，需要将步长单位设置得足够小，但这样操作又会带来额外的系统开销。因此，对于面向装备智能化保障体系的混合仿真系统，其时间推进方式还是采用以事件为单位的方法，这样也更加符合军事行动随机发生的客观规律。

3. 时钟同步策略

分布式混合仿真的时间管理除了需要在仿真执行过程中控制时间的推进之外，还必须保证不同仿真实体，特别是部署在不同节点的仿真实体之间的时钟同步，这就需要引入额外的时钟同步机制以及不同步事件发生后的处理机制。面向装备智能化保障体系的分布式混合仿真系统中，仿真实体主要按照智能体的模式运行，通过实体间的消息传递机制来进行交互。为了保证时钟的同步，可以参考采用目前 HLA 体系架构的两种消息传递方法。

(1)接收顺序(Receiving Order，RO)：仿真引擎按照先来后到的顺序将接收到的消息发送给仿真成员。在仿真引擎处理消息的过程中，在内部为每个仿真成员建立一个队列，然后按照先进先出的顺序将队列最前面的消息发送给相应的成员。此方法的时延最小，比较适用于对事件因果要求不高的仿真。

(2)时戳顺序(Time Stamp Order，TSO)：仿真引擎将接收到的消息按照时戳的大小顺序发送给仿真成员，这样可以保证仿真成员接收到的消息都是按时戳从小到大顺序到达的。实现原理是仿真引擎将接收到的消息按照时戳排序，并保存在队列中，在确定不会收到时戳更小的消息后才将消息发送给仿真成员。使用 TSO 方式可以保证仿真成员不会收到"过时"的消息，能较好地保证消息传递的一致性。

仿真的时钟同步策略一般可分为两种方式：第一种策略是基于保守时间的同步，第二种策略是基于乐观时间的同步。第一种策略需要根据时间顺序对事件进行严格的处理，不可以违背时间顺序，不过这样当没有外部事件输入导致队列为空后，很多情况下会发生死锁，通常通过空消息的方式推动仿真运行。乐观的时间同步策略则允许事件处理器接收错误时戳的事件，然后利用回滚机制回滚到错误发生前的状态。在乐观策略下，需要记录仿真实体运行过程中的所有状态变量，因而增加了系统的复杂性和开销。

4. 仿真事件调度

分布式混合仿真引擎还有一个重要功能，就是仿真事件调度，决定仿真事件的执行顺序和效率。一个典型的并行离散事件仿真（Parallel Discrete Event Simulation，PDES）模型由一组串行离散事件仿真模型（Sequential Discrete Event Simulation，SDES）组成，SDES又是由一组逻辑进程（LP）组成的。逻辑进程（Logical Process，LP）代表系统内的某一个子过程，是仿真的最小执行单元。这些LP按照一定规则被分配到各仿真处理单元上运行，通过网络或其他方式连接在一起。因此，在仿真运行过程中，需要对LP的执行顺序进行合理规划，避免出现逻辑错误。

保守时间同步策略下的分布式混合仿真事件调度的原理如图4.15所示，SDES表示每个计算节点上的所有LP，多个计算节点组成一个分布式处理系统来运行PDES。这就需要在PDES上设置一个全局的仿真事件调度器对所有LP的执行顺序进行排序和调度，每次选择一个时戳最小的LP来执行。一般采用分层级调度的方法，先找出每个SDES中时戳最小的LP，然后通过PDES上的全局调度器来找出全局最小时戳的LP，并进行执行。

由图4.15可知，在仿真运行处理LP的过程中，还会不断产生新的LP，因此一般都采用队列的数据结构来存储仿真事件。各个队列不断进行进队和出队的操作，也需要不断地对LP队列进行排序操作，因此需要一个合理的调度模型来管理在各个队列上进行操作的同步性，保证仿真事件调度的正确性和高效性。

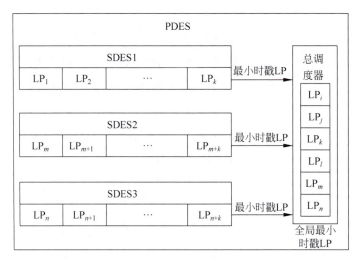

图 4.15　保守时间同步策略下的分布式混合仿真事件调度模型

4.3.3　分布式混合仿真的数据分发管理

1. 数据分发模式

面向装备智能化保障体系的分布式混合仿真的实体数量众多，交互错综复杂，导致仿真中各种消息和数据规模十分庞大。如果不对交互数据进行控制，那么大量不必要的消息会被发送到网络中，导致网络拥塞、资源耗空、仿真延迟。因此，数据分发管理就是指为了提高消息传输精度，控制仿真系统中无效数据分发的一种关键技术。当前主要的数据分发模式有以下 4 种[79]。

(1) 黑板模式。黑板模式采用中心节点的方式处理数据分发，所有的节点都将消息发送给中心节点进行处理和转发，可以高效地对消息进行集中控制。其缺点是集中控制节点容易成为整个系统的瓶颈，一旦中心节点出现故障，会让整个系统的通信陷入瘫痪。

(2) 联邦模式。联邦模式采用分而治之的方式，将大系统划分为由几个仿真联邦成员，联邦成员下辖若干仿真实体。这种方式的优点是可以将联邦内仿真实体的交互和通信控制在联邦内部，能够在一定程度上减小数据的传递；但是对复杂的系统,联邦成员间的数据交互依旧很多,且灵活性不够,需要额外的系统开销来对仿真实体加入或退出联邦进行管理,灵活性不够。

(3)广播模式。仿真实体向其他所有的实体都群发广播消息,这种方式非常容易造成数据和消息的拥塞,仅适合规模较小且简单的仿真系统。

(4)发布-订阅模式。该模式采用中间件技术,将仿真实体分为发布者和订阅者两类。发布者向中间件发送自己想要公开的消息,订阅者也将自己感兴趣的内容告知中间件,两者匹配后才开始传输数据,达到了按需传输的效果。从减少系统负载上来说,发布-订阅模式是解决消息拥塞的最佳方案。

2. 数据分发标准

数据分发标准(Data Distribution Service,DDS)[102]起源于美国军方,后来随着应用的不断推广,影响不断扩大,对象管理组织(Object Management Group,OMG)对其进行了重新规范,发布了实时系统 DDS 标准(Data Distribution Service for Real-time Systems)[103]。该标准分别从数据发布、订阅、传输等阶段对整个流程进行了规范,同时统一定义数据接口,实现了通用的平台无关的匹配模型[104]。

DDS 的内部传输机制主要依靠中间件完成,主要包括域(Domain)、域成员(Domain Participant)、主题(Topic)、数据写入器(Data Writer)、订阅者(Subscriber)、发布者(Publisher)、数据读取器(Data Reader)、服务质量机制(QoS)等[105]。

DDS 的每个实体都有一个唯一的 DomainID,每个 DDS 能够包含一个以上的域,但是实体间的数据通信只有在域匹配一致的情况下才能实现。

在 DDS 进行数据分发时,需要对发布方和订阅方的主题以及 QoS 需求和相关参数进行匹配检查,如果数据的主题以及 QoS 参数都能匹配,则可以建立连接,进行数据的发送;相反,如果主题等不能匹配,则无法建立连接。DDS 各节点间不分主次,各节点可以进行发布,也可以同时进行订阅,如图 4.16 所示。

对于装备智能化保障体系这类军事应用仿真而言,数据的可靠传输非常重要,不论是在现实应用中还是仿真过程中都意义重大。DDS 不仅提供了便捷的发布-订阅模式,还包括强大的 QoS 的策略,对仿真上层应用屏蔽了具体的实

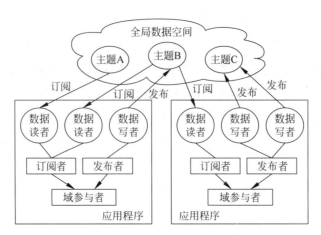

图 4.16 基于 DDS 的发布-订阅模型

现,非常适合承担数据分发通道的功能。但是针对具体的仿真应用,仅依靠发布-订阅机制来减小数据通信量还存在匹配精准度不高等问题,需要进一步研究兴趣匹配算法。

4.4 基于 DDS 的分布式混合仿真引擎架构

由于装备智能化保障体系的结构复杂、组成庞大、物理分散,在单个硬件平台上进行集中仿真容易产生性能瓶颈,因此多采用分布式仿真方法,这也更符合保障体系分而治之的逻辑。但是采用不同的硬件平台会引入新的问题,对仿真引擎也带来了巨大的挑战。仿真引擎是一个仿真系统的基础,介于仿真系统与操作系统、物理网络之间,封装了时间同步、数据通信、事件调度等的实现细节,以 API 函数接口或服务的方式提供给上层应用,用户无须关心底层实现。

DEVS 作为混合仿真方法的一致性同步仿真途径,必须要能适用于装备智能化保障体系这种大规模仿真的要求,因此并行是分布式仿真中的一个重要解决方案,通过将仿真程序并行运行在多个计算机节点上,从而将原来的集中式负载处理变为分布式负载均衡,可以有效减少仿真时间,提高仿真效率。目前,针对 DEVS 分布式仿真应用方面已经开展了很多研究,这些仿真应用与众多仿真引擎技术进行了结合[106],如 DEVS-HLA[107]将 DEVS 模型嵌入了 HLA 的联邦成员，通过仿真引擎的管理事件服务器进行事件传输。

本书采用 DDS 规范实现 DEVS 仿真平台的底层数据传输协议，可以为仿真应用提供质量可控的服务。相较其他规范，DDS 规范为用户提供了丰富的 QoS 配置，可根据不同的需求配置不同的传输服务质量，这是其最突出的优点。另外，DDS 规范还以数据为核心，突出以主题为主的发布-订阅匹配方式，可以更好地对数据进行传输，应用于实时系统。

基于 DDS 的并行仿真框架如图 4.17 所示，分为四个层次：模型层、引擎层、中间件层和 DDS 总线。

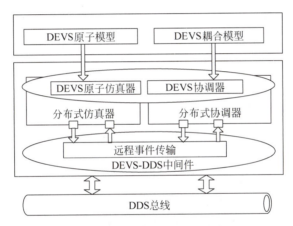

图 4.17　基于 DDS 的并行仿真框架

在仿真过程中，为了确保 DEVS 模型不会被更改，可以把初始的串行引擎所在的原子协调器以及仿真器嵌入可以进行分布式并行计算的引擎分布式仿真器和分布式协调器中，这样可以直接将 DEVS 原子模型和耦合模型加载到分布仿真引擎内。由于这种模型是分布式部署的，在仿真运行过程中，仿真事件之间也会产生交互。这时，处理远程事件可以通过对应的传输模块来进行。这个模块通过中间件进行通信，中间件可以完成多主题数据传输，主要是用 DDS 总线进行数据通信，达到并行仿真的目的。

分布式仿真引擎由 DEVS 模型、局部仿真引擎代理、全局仿真引擎代理和仿真事件队列组成，如图 4.18 所示。

仿真引擎采用分级管理机制，分为局部仿真引擎代理和全局仿真引擎代

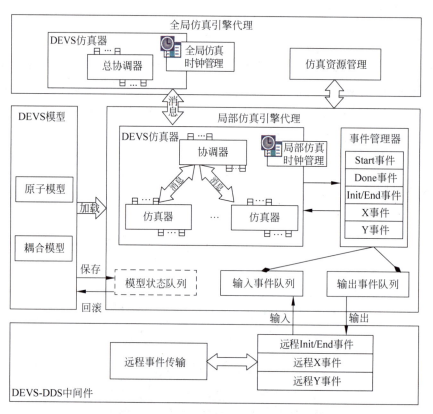

图 4.18 基于 DDS 的 DEVS 分布式仿真引擎

理。在每个分布式节点上有且仅有一个局部仿真引擎,用于管理本节点上的本地逻辑时间,并完成时间同步;还负责本节点上的仿真实体注册,维护实体状态信息,并在全网进行同步,形成实体的管理黄页,同时建立路由机制,维护本节点上的路由表数据;还负责仿真事件和消息的管理,包括接收、处理和转发等。在整个系统中,仅有一个全局仿真引擎,负责接收所有局部仿真引擎的注册,并建立仿真时间和地址的索引和更新机制,以及局部仿真引擎之间的事件管理。

仿真队列共包含三种队列[106]:DEVS 模型的状态队列、输入事件队列和输出事件队列。模型状态队列只在乐观策略下启动,负责记录模型在仿真运行过程中的所有状态数据,以便发生错误时进行回滚操作。输入事件队列按时间序列对应接收和存储 DEVS 模型中的外部输入事件,输出事件队列则同样按时间序列对应存储 DEVS 模型对外输出的事件。

4.5 小结

本章主要研究了分布式混合仿真方法,提出面向装备智能化保障体系的分布式混合仿真体系结构,整合基于离散事件仿真和多智能体仿真的优点,解决装备智能化保障体系仿真中碰到的问题,给出分布式混合仿真的三个关键技术,并进行了充分论述:①研究分布式混合仿真的统一模型描述方法,提出基于 DEVS 的模型变换方法,在仿真模型层实现混合,支撑一致性仿真;②研究分布式混合仿真的时间管理方法,分析时间管理的基础理论、实现原理和技术路线;③研究分布式混合仿真的数据分发管理,提出基于发布-订阅模式的数据分发策略。最后构建基于 DDS 的分布式混合仿真引擎架构,为仿真运行提供底层支撑。

CHAPTER 5
第5章　分布式混合仿真的时间管理研究

5.1　引言

时间是分布式混合仿真的核心概念和重要基础,时间管理作为仿真引擎的核心功能,一直是学术界研究的热点和难点。在分布式仿真系统中,存在地理分散、结构各异的仿真节点和实体,它们的仿真时钟也不尽相同。时间管理的目的就是在同一个仿真时间轴上推进仿真实体运行,保证仿真事件遵守正确的因果逻辑,从而保证仿真结果的正确性。时间同步是时间管理的基础功能,目前主要有两种方式[108]:硬件同步是采用硬件手段比如高精度时钟或GPS授时等硬件设备,对不同平台进行统一授时达到同步的效果;软件同步则依靠相关的软件同步策略,保证仿真事件按照正确的逻辑顺序来运行。本章主要基于软件同步的方式对时间管理进行研究,将从时间同步策略和仿真事件调度优化两方面展开论述。

5.2　时间同步策略

如本书4.3.1节所述,面向装备智能化保障体系的分布式混合仿真将智能体、离散事件仿真都转换为基于 DEVS 的离散事件仿真规范实现,因此混合仿真的时间管理策略实际可转换为基于 DEVS 模型的离散事件仿真时间同步问题。本书中,DEVS 模型与离散事件仿真系统一样,遵守自己的仿真时间系统,在事件发生或更新时进行同步。仿真系统负责对各个模型的时间基准进行校准[79]。因此,在仿真运行的过程中,一是要确保以相同的逻辑时钟对仿真事件进行标记,二是要保证所有的 DEVS 模型按照适合的时间同步策略处理仿真推进的问题。

第一个问题可通过设置全局-本地时间基准服务器来解决[109]。整个系统可以按照网络部署,在每个分块的局域网区域配置一个本地时间基准服务器,本地时间基准服务器先与全局服务器进行对时,再向下提供时间基准服务[79]。

第二个问题可通过仿真事件时空调度方法进行[79]。主要有两类办法[110],一类是在仿真事件调度过程中严格按照事件的时戳大小来处理,这样不会产生因果错误,即保守策略[111];另一类是采用各仿真实体模型先分布式运行,发生时序错误时再进行相应处理,即乐观策略[112]。

5.2.1 保守的时间同步策略

保守的时间同步[113]策略是以仿真的离散事件保守算法为基础,实现仿真系统的可实现性及可预测性。在保守策略中,"时间前瞻量"(Lookahead)和"时戳下限"(Lower Bound Time Stamp,LBTS)是影响时间同步的两个关键参数,引入"时间前瞻量"可以有效解决死锁的问题[114]。

1. 时间前瞻量[115]

设仿真模型的逻辑时钟当前为 T,并且这个仿真实体通过计算预测出下一事件的发生不会超过 $T+L$,则称 L 就是这个仿真实体计算出的"时间前瞻量"。它表明该仿真实体再不会在未来的 Lookahead 时间内产生新的事件。

2. 时戳下限值[116]

时戳下限值表示仿真实体不会收到时戳小于 $LBTS(i)$ 的事件,该值由仿真引擎通过轮询所有实体计算而得,如图 5.1 所示。

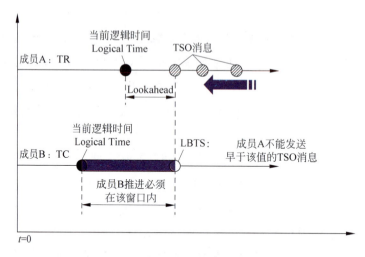

图 5.1　仿真成员的时间推进图

仿真成员 LBTS 的计算公式如下[118]:

$$\mathrm{LBTS}_i = \mathrm{Min}(T_c(j) + \mathrm{Lookahead}(j)) \qquad (5\text{-}1)$$

其中,T_c 为仿真实体的当前时间;Lookahead(j)是其 Lookahead 值。仿真节点的 LBTS 定义为该节点中所有仿真实体 LBTS(i)的最小值,即 LBTS=Min{$LBTS(i)$}。

有效逻辑时间(Effective Logical Time,ELT)[119]:仿真实体的 ELT(i)表示该实体可以发送的 TSO 消息时间戳的下限值,如图 5.2 所示。由 Lookahead 的定义可知

$$\mathrm{ELT}_i = T_c(i) + \mathrm{Lookahead}(i) \qquad (5\text{-}2)$$

其中,$T_c(i)$ 为仿真实体的当前逻辑时间。由于 Lookahead 和 ELT 都由仿真实体自己计算得到,它表示仿真实体对自己未来事件的预测。仿真节点的 LBTS 是仿真引擎根据各个仿真实体的 ELT 计算而得,它决定了各仿真成员逻辑时钟的推进。因此,保守的时间同步策略就是围绕计算 LBTS,并在此基础上进行调度和优化实现的[120]。

在保守策略算法[120]中,仿真成员总是以递增的时戳顺序发送事件,这样可以基本上确保目标实体事件队列的时戳是递增的。仿真进程处理输入事件时,只有在收到时戳大于当前时间的事件后才开始执行,否则就一直等待。但是这

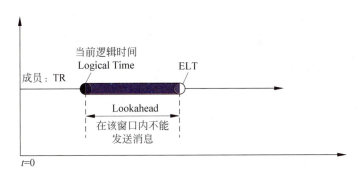

图 5.2　仿真成员的 ELT 示意图

种方法在没有输入事件到达时将引起死锁,导致进程一直处于等待状态。通常的解决方法是在事件队列为空时,就发送一条不包含任何内容的空消息去推进仿真,从而避免引起死锁。其中空消息也是带时戳的,其值是 $T+\text{Lookahead}$。针对保守策略算法,已有大量的研究成果,如 CMB 算法[121]、Misra 算法[122]、保守时间窗算法[123]等,本书不再赘述。

5.2.2　乐观的时间同步策略

乐观的时间同步策略要比保守的时间同步策略复杂很多,它允许因果错误发生,但是在因果错误发生时,仿真引擎应能够检测到错误并将仿真回滚到错误发生之前的状态。相对保守策略而言,乐观的时间推进与具体的仿真模型无关,并发性较好;而保守策略则一定程度上依赖具体的仿真应用,特别是 Lookahead 的确定。乐观策略主要包括仿真模型的状态监控、状态回滚等操作,回滚机制由一定的事件来触发,例如收到一个 Straggler 事件或者反事件[124]。

Straggler 事件[125]:仿真实体收到了时戳不按递增方式增加的异常事件。

反事件[126]:一个条件触发事件,如果收到了该事件,仿真引擎会立即进行状态回滚,并撤销之前已执行的事件。

回滚需要 DEVS 模型在运行过程中监控和保存其状态信息,因此需要专门的状态队列来保存这些数据,另外还需要设置输入事件和输出事件队列来保存之前的内部和外部事件数据。仿真引擎通过调度这些队列推动仿真运行。这也意味着乐观策略在快速推进仿真的同时,需要付出额外的成本来保存和恢复每个进程的运行状态。对于回滚的相关机制,主要有懒惰取消(Lazy Cancellation)[127]、乐观时间窗[128]、懒惰再评估(Lazy Revalution)[129]、懒惰回滚(Lazy Rollback)[130]等,这里也不再赘述。

5.2.3 混合的时间同步策略

相关文献作出了保守策略和乐观策略对比结果,如表 5.1 所示。

表 5.1 保守策略与乐观策略对比[131]

对比内容	保守策略	乐观策略
实现原理	不允许因果错误发生,严格按时戳的大小顺序处理仿真事件	各逻辑进程各自推进,检测到因果错误后进行回滚操作
推进策略	利用带时戳的空消息来推进时间	各自推进,遇错回滚
前瞻量计算	需要	不需要
全局虚拟时间	不需要	需要
事件处理	各 LP 自建输入队列,严格按时戳顺序执行	不必按 FIFO 规则接收事件,需频繁对事件队列进行插入或排序
实现方式	控制较为简单,数据结构主要以堆栈为主	控制较为复杂,需要对状态队列进行管理,对事件进行调度
性能表现	依赖前瞻量计算和死锁管理策略,事件平均计算和通信所需的开销较小	依赖模型状态存储空间的处理与回滚机制,以及事件调度检索,通信开销较高

由于保守的时间同步策略其仿真性能严重依赖前瞻量的计算,而在同一个节点内其前瞻量相对容易确定,节点内的网络拓扑结构也相对稳定,再加上面向装备智能化保障体系的仿真系统是一个分布式系统,部署在不同的节点上运行。因此可以采用保守策略和乐观策略相结合的方法,在节点内部严格按照仿真事件时戳的因果顺序执行,在节点间采用遇错回滚的方法,同时在仿真节点中设置局部和全局时间同步服务器进行对时[79],如图 5.3 所示。

从图 5.3 中可以看出,每个节点上的 DEVS 模型可以组合在一起,形成一

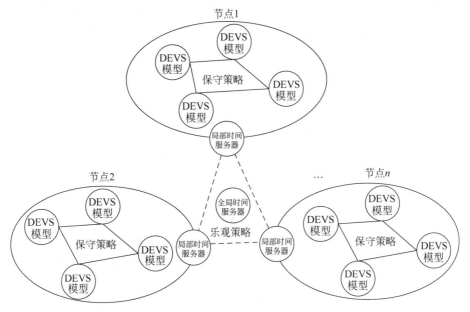

图 5.3　混合的仿真时间同步策略

种内部的时间同步方式。由于组内的仿真模型在计算 Lookahead 时更容易计算出来，可以有效避免网络中空消息的发送，进而减小系统开销和复杂度。在节点间采用乐观策略，仿真节点可以不再等待空消息来推进，能够大大提高仿真的并发性[131]。

5.3　基于自平衡二叉排序树的仿真事件调度优化方法

在对仿真时间管理的研究中，除了时间推进机制外，还存在一些特别影响仿真运行效率的因素，比如下文将要详细论述的仿真事件队列调度，也同样需要优化。事件队列是 DEVS 引擎的基本元素，离散事件调度算法保证仿真的因果性和时序性。对于 DEVS 分布式并行仿真框架而言，每个 LP 内部和中心服务器都要采用离散事件调度算法对仿真中产生的事件进行调度。由于事件队列的排序是调度算法的核心操作，所以对事件的排序进行优化也是提升 DEVS 仿真性能的一个重要手段。目前 DEVS 仿真引擎中采用自排序队列存储仿事件,但仿真中事件队列是在动态变化的。因此查找、插入和弹出等各种操作的时间复杂度都是不稳定的,无法发挥自排序队列的优势。二叉排序树是一种插入式排序算法的容器,它的操作时间复杂度最好情况是 $O(\lg n)$。而且在二叉排序树基础上发展起来的自平衡二叉排序树(AVL 树)不分好或坏的情况,其时间复杂度均保持 $O(\lg n)$ 不变。因此 AVL 排序树是一个非常理想的插入式排序队列的容器。下面首先介绍二叉排序树的原理和 AVL 排序树,随后详细阐述保守策略和乐观策略两种时间同步方法中基于 AVL 排序树的事件调度算法。

5.3.1 仿真事件排序优化方法

采用中序的方式对二叉树进行遍历,能够将节点值按照大小进行排序,构造出一个有序的二叉树。因此,可以采用这种方法将一个无序的序列变为一个有序的二叉排序树,每次插入新的节点,都是在叶子节点上进行操作,无须移动其他节点。搜索、插入和删除的复杂度与树的深度相关,期望为 $O(\lg n)$,最坏的情况是 $O(n)$。下面简要介绍二叉排序树的插入和删除操作,其结构如图 5.4 所示。

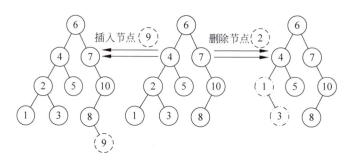

图 5.4 二叉排序树的插入和删除操作

图 5.4 给出了一个二叉排序树插入和删除节点的例子。其中,删除操作节点 2 的操作为首先将节点 2 删除,再将节点 1 挂到节点 4 上,最后把节点 3 挂到节点 1 上。

AVL 排序树,其实就是二叉搜索树中的深度自平衡排序树,任意节点的左右两个子树的深度之差小于1,该特性称作深度平衡[134]。节点的左右子树深度差就是该节点的平衡因子。当所有节点的平衡因子绝对值不大于1时,AVL排序树就是平衡的。一旦节点的平衡因子超出范围,就需要对树进行旋转操作以回到平衡状态。下面通过一个定理说明自平衡性的重要性。

定理 5.1:一棵拥有了 n 个元素的 AVL 排序树的深度为 $O(\lg n)$。

证明:令 $n(h)$ 为一棵深度为 h 的 AVL 排序树的最小节点数,可以得到 $n(1)=1$ 且 $n(2)=2$。

当 $n>2$ 时,一棵深度为 h 的 AVL 排序树包含一个根节点,一个深度为 $h-1$ 的 AVL 子树和另一个深度为 $h-2$ 的 AVL 子树。因此,$n(h)=1+n(h-1)+n(h-2)$。

已知 $n(h-1)>n(h-2)$,使 $n(h)>2n(h-2)$。因此有 $n(h)>2n(h-2)$,$n(h)>4n(h-4)$,$n(h)>8n(h-6)$,$\cdots$,$n(h)>2^i n(h-2i)>2^{\lfloor h/2 \rfloor -1}(1)=2^{\lfloor h/2 \rfloor -1}$。

得到 $n(h)>2^{h/2-1}$。

经过对数运算,有 $h<2\lg n(h)+2$。

故命题得证,AVL 排序树的深度为 $O(\lg n)$。

AVL 排序树的深度和操作的时间复杂度一致,所以能够通过旋转将非平衡态的树变换成平衡态的 AVL 排序树,从而减小树的深度,达到降低操作复杂度的目的。

AVL 排序树的时间复杂度非常稳定,不管什么情况下进行插入、删除等操作,其时间复杂度都为 $O(\lg n)$。相比于普通的二叉排序树,AVL 排序树更稳定。下面简要介绍 AVL 排序树的插入和删除操作后的自旋情况。

插入一个节点后,检查节点的子树是否还符合 AVL 排序树的规则,如果每个节点平衡因子仍然处于$\{-1,0,1\}$范围中,则说明不需要进行旋转。但是,如果平衡因子超出范围,则说明这个节点的子树不平衡,则需要一次或两次旋转以保证 AVL 排序树的平衡性。存在 4 种情况,且这 4 种情况两两对称[133]。

5.3.2 仿真事件队列结构优化方法

根据 DEVS 仿真的特性,原子模型的事件有三个特点:①原子模型输入事件有内部状态迁移事件和外部输入事件两种类型；②内部状态迁移事件的时戳为下一次模型进行状态迁移的时刻；③外部输入事件的时戳一般都与其输出逻辑顺序保持一致，所以输入事件只需要确定与内部状态迁移事件的先后顺序即可，基本不需要排序。

根据这三个特点，可以将原子模型的输入事件队列近似看作一个自有序的 FIFO 队列，其排序的时间消耗很小。因此，本节摒弃以往离散事件引擎中将所有事件集中处理的方式，为每个原子模型构造一个输入事件队列。每个原子模型同时最多只能有一个时戳最小的事件进入全局事件队列。对全局事件队列排序以维护仿真中所有事件的有序性。一旦某事件的时戳成为全局最小时戳，就将其弹至相应原子模型的输入端口。这种两层事件队列结构，使全局事件队列的长度与实体的数目相等，不会产生剧烈的变化。值得注意的是，由于原子模型的内部状态迁移事件也参与排序，这就保证了全局事件队列弹出事件的时戳全局最小。

根据仿真事件插入式排序的要求，选择 AVL 排序树作为全局事件队列的容器。值得注意的是，在离散事件仿真过程中，向队列中插入事件的时戳有这样的规律：插入事件的时戳都比较大，一般都是当前队列中最大的；而弹出的都是当前队列中时戳最小的事件。根据这个规律，对 AVL 排序树进行下述优化：

（1）保存 AVL 排序树中的最小时戳节点和最大时戳节点；

（2）在执行插入操作时先将插入时戳和当前最大时戳比较，若比最大时戳还大，则将其插为最大时戳节点的右子节点，否则就按一般情况从根节点开始比较插入；

（3）在执行弹出操作时，直接将最小时戳节点删除，并且找到最小时戳节点的父节点。如果父节点无右子树，即将父节点直接设置为最小时戳节点；否则将父节点右子树的最左子节点设置为新的最小时戳节点。

原有 AVL 排序树的插入和查找操作都要进行 h（树的深度）次比较才能找到位置。而优化后，插入操作只需要一步比较操作就能找到插入位置；弹出操作不需比较，就能直接弹出最小时戳节点。只是在弹出操作后要确定下一个最小时戳节点，这需要几步比较操作。但是自平衡后的 AVL 排序树的最小时戳节点和次小时戳节点的距离很近,至多两三步比较就可以完成操作,与 AVL 排序树的深度无关。

经过上述的分析,根据离散事件仿真中事件队列的特点,本节构造了基于优化 AVL 排序树的事件队列结构。这个队列主要由两部分组成:输入事件队列和中心事件队列。其中,输入事件队列是一个类 FIFO 队列,排序的操作很少;而全局事件队列的容器采用优化的 AVL 排序树。下面分别详细介绍如何在保守策略和乐观策略的时间同步的事件调度中应用这种单排序多层次事件队列。

5.3.3 保守时间同步策略下的基于优化 AVL 树的仿真事件调度算法

1. 保守时间同步策略下的基于优化 AVL 树的仿真事件队列

如图 5.5 所示,采用保守时间同步策略下的基于优化 AVL 树的仿真事件调度算法的混合仿真包含三种事件队列:输入事件队列、LP 模型事件槽和全局 AVL 排序树。其中,在 LP 层次有与其对应的模型事件信号灯槽(Atomic Event Signal Slots,AESS),在全局 AVL 排序树层次有与其对应的中心事件信号灯槽(Central Event Signal Slots,CESS)。下面分别介绍这些队列。

(1) 输入事件队列:是每个原子模型的输入事件队列,根据前述离散事件仿真的特点,在模型输入端积累的事件队列是近似自然顺序的。因此排在队列顶端的事件根据模型事件信号灯弹入原子模型的输入端口。

(2) LP 模型事件槽:用于管理进程内所有原子模型时戳事件集合。事件槽的大小由进程内拥有的模型数量决定。每个模型对应一个事件槽,事件槽内始终压有一个对应模型的时戳最小事件。值得注意的是,LP 模型事件槽本身不具备排序能力,只按模型保存事件。

(3) 全局 AVL 排序树:是整个仿真事件调度的中心,集合了所有原子模型的最小时戳事件。排序树的大小由仿真中所有模型的数量决定。排序树根据时戳信息进行排序,其最左子节点始终都是仿真中需要执行的下一个事件。

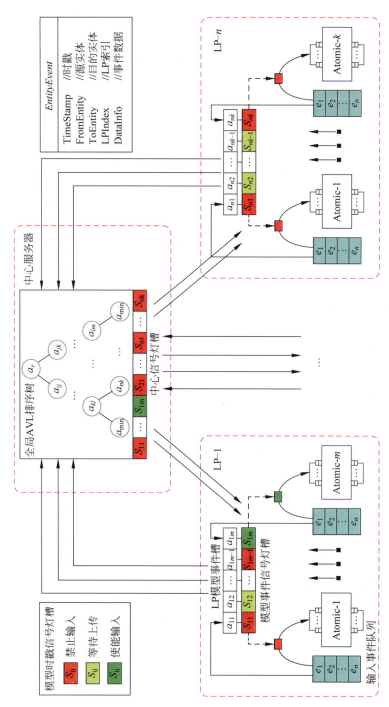

图 5.5 保守时间同步策略下的基于优化 AVL 树的仿真事件调度

(4) 模型事件信号灯槽（AESS）：与事件槽对应，保存从 CESS 传递来的模型事件信号灯。若信号灯为黄色，表示事件刚刚压入事件槽并向全局 AVL 排序树发送更新请求；若信号灯为红色，表示事件已经进入全局 AVL 排序树，但还未获得处理许可；若信号灯为绿色，表示事件已经获得处理许可，可以进入模型的输入端口，并向输入事件队列请求该实体下一个最小时戳事件。

(5) 中心事件信号灯槽（CESS）：与全局所有原子模型一一对应，CESS 只有红色和绿色两种状态，红色表示事件处于等待；绿色表示事件许可执行。

2. 保守时间同步策略下的仿真事件调度算法

调度算法建立在前述事件队列的基础上，分成本地 LP 和中心服务器两部分。在本地 LP 内部：

(1) 原子模型在收到输入事件后，将其保存在输入事件队列中；

(2) 输入事件队列将第一个事件弹入 LP 模型事件槽，并将对应模型的信号灯置为黄色；

(3) LP 在全局 AVL 树更新事件后将对应模型信号灯置为红色；

(4) LP 在某个模型的事件信号灯被置为绿色后将对应事件弹入模型的输入端口；

(5) 输入事件队列将下一个事件弹入 LP 模型事件槽，重复以上过程。

在中心服务器中：

(1) 中心服务器在收到更新的事件后，将其插入全局 AVL 排序树并更新中心事件信号灯槽，所有更新模型的信号灯均置为红色；

(2) 全局 AVL 排序树进行排序操作和自平衡操作；

(3) 全局 AVL 排序树弹出最小时戳的事件，中心服务器将该事件对应的信号灯置为绿色；

(4) 中心服务器将中心事件信号灯槽的最新状态刷新到模型事件信号灯槽。

保守时间同步策略下的仿真事件调度算法（CTESAlgorithm）的伪代码如

算法 5.1 所示。

算法 5.1　CTESAlgorithm

Input: InputEventQueue
Variables: LPS, Global
Output: GlobalEventScheduling

1: FIFO InputEventQueue[n][m][k]
2: Enumeration LPSignalSlot = { yellow, red, green }
3: Enumeration GlobalSignalSlot = { red, green }
4: Enumeration LPS[n][m]
5: Enumeration GlobalS[n * m]
6: AvlTree GlobalEventScheduling
7: ***for*** each LPS[i][j] in the LPS
8: 　　LPS[i][j] = { red }
9: ***end for***
10: ***for*** each GlobalS[i] in the GlobalS
11: 　　GlobalS[i] = { red }
12: ***end for***
13: ***While*** InputEventQueue != NULL ***do***
14: 　　InputEventQueue[i][j][q].pop()
15: 　　LPS[i][j] = { yellow }
16: 　　LPS[i][j].RequestUpdate()
17: 　　GlobalEventScheduling.Push(LPS[i][j])
18: 　　LPS[i][j] = { red }
19: 　　***for*** each GlobalS[r] in the GlobalS
20: 　　　　GlobalS[r] = { red }
21: 　　***end for***
22: GlobalEventScheduling.AutoSort()
23: GlobalEventScheduling.pop()
24: GlobalS[i] = { green }
25: LPS[i][j] = { green }
26: InputEventQueue[i][j][q].execute()
27: LPS[i][j] = { red }
28: GlobalS[i] = { red }
29: ***End While***

3. 时间复杂度分析

本书提出的多层次事件队列,分析其时间复杂度就要从研究每层次队列的时间复杂度出发。首先分析原子模型的输入事件队列。由于不需要排序,查找时只需要取出队列中的第一个元素即可,所以时间复杂度为 1;其次来看 LP 实体事件槽,它仅是一个存储事件的中间数据结构,不承担排序任务,所以此处时间复杂度可以近似认为是 0;最后是全局 AVL 排序树,向树插入一个节点的时间复杂度为 $O(\lg n)$,其中 n 为离散事件仿真中实体模型的数量。所以这种排序方法的时间复杂度是 $1+O(\lg n)$。由于实体数量 n 基本是固定的,所以时间复杂度是稳定的。与文献[135]中的执行两次排序过程的三层事件队列比较,本节提出的事件队列优势有两个方面:①应用了 AVL 排序树这种稳定的插入式排序数据结构,还针对离散事件仿真的特点进行了优化;②将其局部排序队列扩展为全局排序队列,将两次排序过程变为一次排序过程,降低了时间复杂度。文献[135]中排序算法的复杂度为 $1+O(\lg k)+O(\lg m)$,其中 $k \times m = n$。根据实验分析,n 在[0,100000]的范围内变化时,AVL 二叉排序树的插入排序时间几乎一致,所以应用本书的事件队列要节省 $O(\lg m)$ 的时间。

5.3.4 乐观时间同步策略下的基于优化 AVL 树的仿真事件调度算法

1. 乐观时间同步策略下的基于优化 AVL 树的仿真事件队列

如图 5.6 所示,乐观时间同步策略中每个 LP 的时间推进不受中心约束,由自身引擎分发事件和时间推进。因此,只需要构建局部 LP 的事件队列。保守时间同步策略中的三层事件队列结构变为两层,中心服务器只负责维护 GVT 的计算及公共管理控制事件的传输。排序队列建在 LP 层次,且 LP 之间相互独立。LP 内部的事件队列有输入事件队列、LP-AVL 排序树和 LP 模型事件信号灯槽(LP Event Signal Slots,LPESS)。

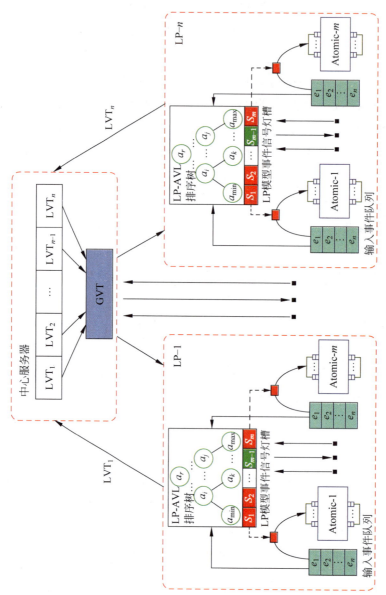

图 5.6 乐观时间同步策略下的基于优化 AVL 树的仿真事件调度

(1) 输入事件队列：与保守时间同步中的输入事件队列一样，是一个 FIFO 队列。

(2) LP-AVL 排序树：在本地 LP 中的 AVL 排序树，直接插入输入事件队列中的首个事件进行排序，并弹出本地 LP 的最小事件。

(3) LP 模型事件信号灯槽 LPESS：因为 AVL 排序树已经转移到本地 LP，所以 AESS 也转移到本地成为 LPESS 负责控制每个事件的输入。由于不需要再向中心事件队列传输事件，因此 LPESS 的信号灯只有红色和绿色两种，含义不变。

2. 乐观时间同步策略下的仿真事件调度算法

介绍乐观时间同步策略下的仿真事件调度算法（OTESAlgorithm）前首先介绍以下一些基本概念。

(1) Straggler 事件：与本书 5.2.2 节中的概念一致，指的是时间戳小于实体的当前时间，违反因果关系的事件。当实体接收到 Straggler 事件时，就要回滚到前一个时间点。这个时间点就称作回滚时间（Rollback Time）。

(2) 接收模型时戳列表（Receiving AtomicTimeStamp List，RATL）：每个原子模型需要挂接的时戳列表，保存以该模型为源发送事件的目的模型集合及其最近发送时间。若实体收到了 Straggler 事件或反事件，则根据事件的时戳，向每个最近发送时间大于该时戳的实体发送一个反事件。一旦列表中某个目的模型的接收时戳小于 LVT，将其从列表中删去。

(3) 反事件（Anti-Event）：与 5.2.2 节中的概念一致，由于利用 RATL 代替了输出队列，因此此处反事件按实体发送，并不需要为每个要撤销的事件都发送一个反事件。反事件包括反事件标志、源模型 ID、目的模型 ID、反时戳等信息。利用反事件，目的实体模型完成回滚、撤销源模型输入事件以及发送反事件等操作。值得注意的是，反事件只存在于不同 LP 的模型之间，LP 内部的模型之间由于伪 Straggler 事件的作用不再需要反事件。

(4) 伪 Straggler 事件：当一个 LP 收到一个 Straggler 事件或反事件时，LP 将该事件发给目的模型，同时向所有其他模型发送伪 Straggler 事件。这些模型根据该事件完成回滚等操作，伪 Straggler 事件只存在于 LP 内部。

由于事件队列的多层次性,使乐观时间同步策略下调度算法的实现也需要考虑两个层次:LP 层次和模型层次。特别是在 LP 层次,需要考虑某个模型的回滚对 LP 内其他模型的影响。因此,提出伪 Straggler 事件解决这个问题。下面首先给出 LP 收到 Straggler 和反事件的处理方式,如图 5.7 所示。本节注重采用事件队列结构对乐观算法带来的变化,不再冗述乐观算法本身的功能。

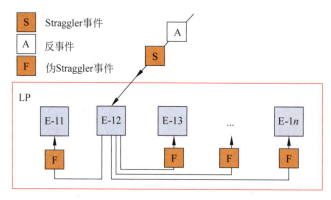

图 5.7 LP 接收 Straggler 事件或反事件的情况

(1) LP 收到 Straggler 事件:当某一模型收到 Straggler 事件时,说明该 LP 也收到了 Straggler 事件。该模型的回滚操作完成后,向 LP 内所有未收到 Straggler 事件的模型发送伪 Straggler 事件。伪 Straggler 事件包含模型 ID、回滚时戳等信息。当所有模型都回滚完毕后,LP 向模型事件时戳槽更新事件时戳并重新排序。

(2) LP 收到反事件:与收到 Straggler 事件类似,LP 收到反事件后也要群发伪 Straggler 事件。但是不同的是,LP 在收到反事件后立即产生伪 Straggler 事件,而不用等待反事件的目的模型产生回滚时戳。

在模型层次,由于采用了 RATL,接收事件的处理方式与传统乐观算法中时间弯曲的方法相比稍有变化,下面分别介绍模型接收 Straggler 事件、伪 Straggler 事件和反事件的情况。

(1) 模型收到 Straggler 事件:首先,要将模型状态回滚到比 Straggler 事件时戳小的最近时间点(即为回滚时间),其次,整理输入事件队列,恢复到回滚时间之前的状态,同时也要将 Straggler 事件插入队列相应的位置上。再次,检查接收实体时戳列表 RATL,向列表中所有时戳大于回滚时间的实体发送反消息。最后,将输入队列中最小时戳事件弹入本地 LP 的 AVL 排序树。

(2)模型收到伪 Straggler 事件:首先,将模型状态和事件队列都恢复到小于回滚时间的最近时间点上。其次,根据伪 Straggler 事件中的回滚时间和模型 ID,将输入队列中满足以下两个条件的事件都删除:①来自伪 Straggler 事件中源模型或本地模型;②时戳大于回滚时间。最后,根据回滚时间和 RATL 发送反事件。同样,也要将重整后的输入事件队列中的最小时戳弹入 LP-AVL 排序树。

(3)模型收到反事件:操作与收到伪 Straggler 事件类似,只是反事件来源于其他 LP。

乐观时间同步策略下的仿真事件调度算法(OTESAlgorithm)的伪代码如算法 5.2 所示。

算法 5.2　OTESAlgorithm

Input: StragglerEvent,AntiEvent,FakeStragglerEvent
Variables: RATL
Output: LPEventScheduling
1: FIFO InputEventQueue[n][m][k]
2: Enumeration LPSignalSlot = { red,green }
3: Enumeration LPS[n][m]
4: AvlTree LPEventScheduling[n]
5: *for* each LPS[i][j] in the LPS
6: 　 LPS[i][j] = { red }
7: *end for*
8: *While* InputEventQueue != NULL *do*
9: 　 InputEventQueue[i][j][q].pop()
10: 　LPS[i][j].RequestUpdate()
11: 　LPEventScheduling[i].Push(LPS[i][j])
12: 　LPEventScheduling[i].AutoSort()
13: 　LPEventScheduling[i].pop()
14: 　LPS[i][j] = { green }
15: 　InputEventQueue[i][j][q].execute()
16: 　LPS[i][j] = { red }
17: *If* LP[i].InputEventQueue.Push(StragglerEvent) == true

```
18:     ModelRollback()
19:     SendToOtherModel(FakeStragglerEvent)
20:     ModelRollback(allmodel)
21: End if
22: If LP[i].InputEventQueue.Push(AntiEvent) == true
23:     ModelRollback()
24:     SendToOtherModel(FakeStragglerEvent)
25:     ModelRollback(allmodel)
26: End if
27: If Model[i].InputEventQueue.Push(StragglerEvent) == true
28:     ModelRollback()
29:     Update()
30:     SendToOtherModel(StragglerEvent, RATL)
31: End if
32: If Model[i].InputEventQueue.Push(FakeStragglerEvent) == true
33:     ModelRollback(InputEventQueue)
34:     Update(InputEventQueue)
35: End if
36: If Model[i].InputEventQueue.Push(AntiEvent) == true
37:     ModelRollback(InputEventQueue)
38:     Update(InputEventQueue)
39: End if
40: End While
```

根据前述调度算法,图 5.8 给出一个基于 AVL 树的乐观时间同步中时间弯曲的例子。LP-1 中的模型 E-11 收到一个时戳为 4.5s 的 Straggler 事件。收到该事件后,E-11 首先恢复到时戳为 4.0s 的状态,包括模型状态的回滚和输入事件队列的恢复,并且将 Straggler 事件插入输入事件队列中。随后检查接收模型事件时戳列表,发现列表在 4.6s 分别向实体 E-12 和 E-21 各发送了一个事件,因此要发送反事件撤销这两个事件。由于 E-12 也在 LP-1 中,因此不用处理,只需要向 LP-2 的 E-21 发送一个回滚时间为 4.0s 的反事件。同时,LP-1 根据回滚时间向模型 E-12 发送伪 Straggler 事件。E-12 将状态回滚到 4.0s,且将事件队列中来自 E-11 的事件 e_1(4.6)删除。检查接收模型事件时戳列表,发现在 3.8s 向 E-22 发送了一个事件,由于 3.8s 小于回滚时间,因此不用处理。

第5章 分布式混合仿真的时间管理研究

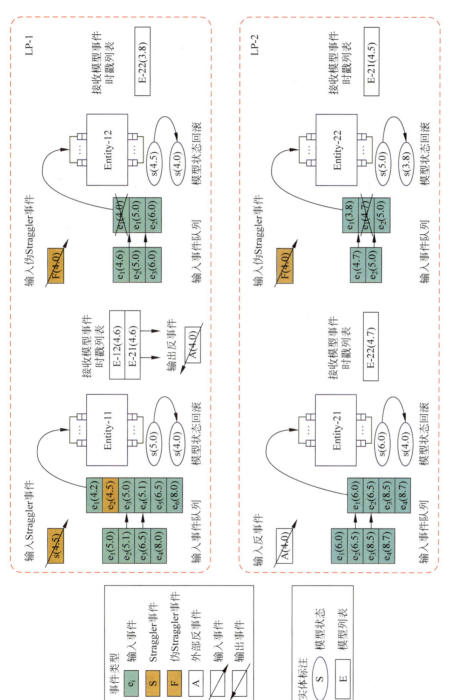

图 5.8 乐观时间同步策略下的基于优化 AVL 树的时间弯曲机制

LP-2 收到了回滚时间为 4.0s 的反事件后首先将反事件传递给反事件的目的模型 E-21；再向模型 E-22 发送时戳为 4.0s 的伪 Straggler 事件。模型 E-21 收到反事件后，先将自身状态回滚到 4.0s，随后在输入事件队列中删除来自本地 E-22 的事件 $e_1(4.5)$ 和 E-11 的事件 $e_2(4.6)$。检查接收模型事件时戳列表，只有向 LP 内 E-22 发送的事件的记录，所以不用处理。而模型 E-22 收到伪 Straggler 事件后首先将状态回滚到 3.8s，随后将来自本地 LP 的事件 $e_1(4.7)$ 删除。检查接收模型事件时戳列表，只有向 LP 内 E-21 发送的事件的记录，所以不用处理。至此算法完成了接收到一个 Straggler 事件的时间弯曲过程。

3. 调度算法的优势

乐观时间同步策略下的基于优化 AVL 树的事件调度算法以模型的输入事件队列为核心，与以往的乐观时间同步算法相比有以下几个优点：

（1）用接收模型时间时戳列表 RATL 代替输出事件队列（Output Event Queue），由于 RATL 只针对每个目的模型保存一个时戳值，而不会根据事件的增加而累加，相对于以前输出事件队列详细记录所有输出事件节省了许多空间，降低了空间复杂度；

（2）采用伪 Straggler 事件代替了在本地进行的反事件传递，一方面通知了所有模型将状态恢复到回滚时间，另一方面也将事件队列中来自本地模型和 Straggler 事件或反事件源模型的事件都删除。只需要发送一次伪 Straggler 事件就能够保证所有模型状态的回滚。

（3）对于不同 LP 上的模型，只需要发送一个反事件，就足以删除目的模型输入事件队列中的对应输入事件。这比利用输出事件队列要将所有的反事件发送给目的模型大大节省了网络传输开销，降低了模型之间和 LP 之间的耦合度。

5.3.5 基于排队论的仿真事件调度分析

在分布式仿真系统中，仿真事件队列性能也是影响仿真效率的重要因素，其指标主要有队列的平均队长、每个事件的平均等待时间和系统能够容纳的队列个数。本节基于排队论方法,对多层仿真事件队列处理机制中 LP 的事件输入队列和中央服务器中的全局队列进行建模,分析传统事件队列和多层事件队列的性能差别,以及分别采取保守和乐观事件调度策略时系统的性能差别。

1. 传统的仿真事件调度

在传统的仿真事件队列中,原子模型队列将事件传输至 LP 排序队列,然后通过事件调度算法,调度至中央服务器进行排序和处理,由于原子模型队列为 FIFO 队列且不对事件进行处理,因此不需要计算其队列性能,考虑 LP 排序队列即可。

将 LP 事件输入队列看作到达率为 λ_{ATO} 的 FIFO 队列,由于 FIFO 队列不对事件排序,仅有 LP 队列排序,可以设每个 LP 有 N 个事件输入队列,那么每个 LP 队列的到达率为 $\lambda_{ATO} = N\lambda_{ATO}$,中央服务器的事件处理服务率为 μ。假设当前系统有 k 个 LP,对于每个事件检查时戳的时间为 c,那么对 LP 事件输入队列的服务时间为 $k/u + ck^2$,对于单个 LP 事件输入队列的服务率为

$$\mu' = \frac{\mu}{k(1+k\mu c)} \tag{5-3}$$

因此,可得单个 LP 事件输入队列的服务强度为

$$\rho' = \frac{\lambda}{\mu'} = \frac{k\lambda(1+k\mu c)}{\mu} \tag{5-4}$$

为了保证事件处理引擎能够及时处理所有的事件,确保仿真能够正常运行,则需要假设 $\rho' \leqslant 1$,则有系统中的 LP 数不应超过:

$$k \leqslant \min\left\{\frac{\lambda}{u}, \frac{\sqrt{\lambda^2 + 4\mu^2 c\lambda} - \lambda}{2\mu c\lambda}\right\} \tag{5-5}$$

若给定 LP 数量,则每个事件队列检查时戳的时间不应超过:

$$c \leqslant \frac{\mu - \lambda k}{\lambda \mu k^2}, \quad k \leqslant \frac{\lambda}{\mu} \tag{5-6}$$

在此情况下,每个 LP 的事件的队列平均长度 L_q 为

$$L_q = \frac{(\rho')^2}{1-\rho'} \tag{5-7}$$

由于每个事件到达时,队列需要对事件的时戳进行排序,该动作的复杂度

为 $O(n)$,那么每个事件的平均等待时间 W_q 为

$$W_q = \frac{\lambda}{\mu'(\mu' - \lambda)} + cN \tag{5-8}$$

2. 保守时间同步策略下的仿真事件调度

采用保守时间调度策略时,对于多层次队列来说,在每个 LP 事件队列部分,调度机构需要轮训各个 LP,找出其中时戳最小的事件,则可知服务率为 $\mu_{co} = \frac{1}{ck^2}$,那么服务强度为

$$\rho_{co} = \lambda ck^2 \tag{5-9}$$

同理可得,LP 的个数应为

$$k_{co} \leqslant \sqrt{\frac{1}{\lambda c}} \tag{5-10}$$

在 LP 队列阶段,由于 LP 队列仅排序 N 个事件,因此每个 LP 队列的平均队长和每个事件的平均等待时间分别为

$$L_{co} = \frac{(\rho_{co})^2}{1 - \rho_{co}}, \quad W_{co} = \frac{\lambda}{\mu_{co}(\mu_{co} - \lambda)} + cN \tag{5-11}$$

在全局事件队列中,队列中的事件到达率为

$$\lambda_{AVL} = \frac{1}{ck^2} \tag{5-12}$$

则同理可得服务强度、平均队长分别为

$$\rho_{AVL} = \frac{1}{c\mu k^2}, \quad L_{AVL} = \frac{(\rho_{AVL})^2}{1 - \rho_{AVL}} \tag{5-13}$$

由于采用 AVL 树进行排队,因此可得到每个事件的平均等待时间为

$$W_{AVL} = \frac{1}{\mu(ck^2\mu - 1)} + c\lg\left[\frac{(\rho_{AVL})^2}{1 - \rho_{AVL}}\right] \tag{5-14}$$

那么可知在本书设计的事件队列结构下,总的事件平均等待时间为

$$W_{total} = \frac{1}{\mu(ck^2\mu - 1)} + \frac{\lambda}{\mu_{co}(\mu_{co} - \lambda)} + c\lg\left[\frac{(\rho_{AVL})^2}{1 - \rho_{AVL}}\right] + cN \tag{5-15}$$

3. 乐观时间同步策略下的仿真事件调度

采用乐观时间同步的事件调度时,每个 LP 在本地进行事件排序和处理,并不向中央服务器发送事件进行排序。因此,令每个 LP 的事件处理引擎服务率为 $\mu_{op} \leqslant \mu$,那么可得服务强度为

$$\rho_{op} = \frac{\lambda}{\mu_{op}} \tag{5-16}$$

进而可得

$$L_{op} = \frac{(\rho_{op})^2}{1-\rho_{op}}, \quad W_{op} = \frac{\lambda}{\mu_{op}(\mu_{op}-\lambda)} + c\lg(N) \tag{5-17}$$

4. 结果分析

1) 系统支持的 LP 个数

根据式(5-15)和式(5-10),可以得出

$$\sqrt{\frac{1}{\lambda c}} > \min\left\{\frac{\lambda}{u}, \frac{\sqrt{\lambda^2 + 4\mu^2 c\lambda} - \lambda}{2\mu c\lambda}\right\} \tag{5-18}$$

证明:

$$\sqrt{\frac{1}{\lambda c}} = \sqrt{\frac{(\lambda^2 + 4\mu^2 c\lambda - \lambda^2)}{4\mu^2 \lambda^2 c^2}}$$

$$= \sqrt{\frac{(\lambda^2 + 4\mu^2 c\lambda)}{4\mu^2 \lambda^2 c^2} - \frac{\lambda^2}{4\mu^2 \lambda^2 c^2}} > \frac{\sqrt{\lambda^2 + 4\mu^2 c\lambda}}{2\mu c\lambda} - \frac{\lambda}{2\mu c\lambda} \tag{5-19}$$

由式(5-18)可知,采用本书设计的事件队列结构,在采用保守的事件调度策略时,相较于传统的事件队列结构,同样服务率的中央事件处理引擎,可以支持更多的 LP 个数。而采用乐观的事件调度策略时,则对于系统支持的 LP 个数没有限制。因此,采用本书设计的多层事件队列结构,可以有效增强分布式仿真系统的可扩展性。

2) LP 事件队列的平均队长

通过对比三种队列结构和调度算法的服务强度,可以得出

$$\rho' = \frac{k\lambda(1+k\mu c)}{\mu} = \lambda k^2 c + \frac{k\lambda}{\mu} > \rho_{co} = \lambda c k^2 \tag{5-20}$$

进而可以得出

$$L_q > L_{co} \tag{5-21}$$

因此，可以得到采用多层队列能够有效减少 LP 中的事件队列长度，减少 LP 中的缓冲区大小，从而有效节省成本。但是，这里同样需要认识到，在采用保守事件调度时，LP 中事件队列的减少是以中央服务器中队列的增长为代价的，其队列长度可以表示为

$$L_{AVL} = \frac{1}{(\mu k^2 c - 0.5)^2} - \frac{1}{4} \tag{5-22}$$

可见中央服务器中的队列长度随着 c 和 k 的增加而减少，因为当检查时间和 LP 数量增多时，事件被发往中央服务器的频率将下降，而每个 LP 中的队列长度则会增长。此外，根据乐观事件调度策略的原理可知，当 $\mu_{op} \geq \frac{1}{k^2 c}$ 时，乐观事件调度相比于保守事件调度策略具有更短的队列。因此可知，当 LP 的处理能力更强时，采用乐观事件调度策略，仿真运行更有效率。

3) 每个事件的平均等待时间

通过对比式(5-8)、式(5-15)、式(5-17)，可知

$$W_q > W_{co} > W_{op} \tag{5-23}$$

在传统事件队列中，由于采用复杂度为 $O(n)$ 的排序算法，导致每个事件的平均等待时间稍有增长。而采用乐观事件调度策略时，由于每个事件可以在本地排序和处理，因此使得每个事件的平均等待时间具有明显的改善，进而可以明显提升仿真运行效率；但是与此同时，仍需考虑当事件执行出现错误时，产生的回滚时间。通过以上分析，可知采用本书设计的多层事件队列和调度算法，能够在一定程度上提升仿真系统的性能。

5.3.6 测试用例

1. 用例描述

本书用仿真实验验证这种基于 AVL 排序树的事件调度算法对仿真性能带来的提升。仿真实验分为三部分，前两个部分是在保守时间同步中测试不同排

序方法或不同事件队列结构对仿真性能的影响；第三个部分则测试不同排序方法在乐观时间同步中对仿真性能的影响。

第一个实验是测试在单排序多层次事件队列结构上采用不同排序方法时的性能指标，分别对优先级队列、AVL 排序树以及本书提出的优化的 AVL 排序树方法的仿真结果进行对比分析。仿真场景采用 2 个 LP，事件规模从 0 到 10000 变化，每间隔 50 个事件采样一次，结果如图 5.9 所示。横坐标是事件数量，纵坐标是仿真消耗时间，单位为秒。

图 5.9　保守时间同步策略下的单排序多层式事件队列的性能比较

第二个实验是测试优化的 AVL 排序树在不同事件队列结构时的性能指标，分别对全局唯一事件队列、本书采用的单排序多层次事件队列、双排序多层次事件队列的仿真结果进行了对比分析。仿真场景采用了 2 个 LP，事件的数量在 10000～40000 变化。每隔 500 个事件采样一次，实验结果如图 5.10 所示。横坐标表示仿真事件个数，纵坐标是仿真消耗时间，单位为秒。

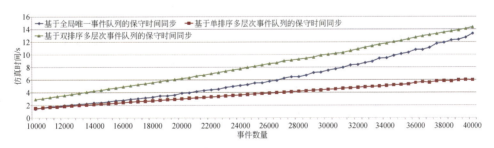

图 5.10　保守时间同步策略下采用优化 AVL 排序树的事件队列结构的性能比较

第三个实验是测试在乐观时间同步中采用不同的排序算法时的性能指标，分别对优先级队列、AVL 排序树、优化的 AVL 排序树的仿真结果进行对比分析。仿真事件数目固定为 10000 个。为了体现乐观时间同步的性能随 LP 变化的情况，在 LP 数目变化的情况下采样性能数据。实验结果如图 5.11 所示。横坐标是 LP 的数量，纵坐标是仿真消耗的时间，单位为秒。

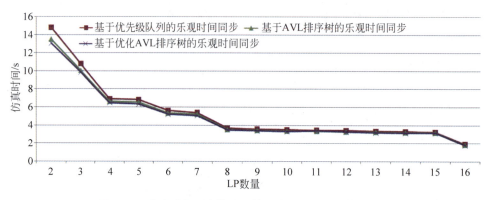

图 5.11　乐观时间同步策略下的三种排序容器的性能比较

2. 结果分析

由图 5.9 可以看出，随着事件数量的增加，采用优化 AVL 排序树的调度算法性能最优，AVL 排序树次之，而优先级队列的性能最差。这是由于优化 AVL 排序树是在 AVL 排序树的基础上针对离散事件队列的特点进行优化。优先级队列是基于堆排序的一种队列，平均时间复杂度为 $O(n\lg n)$，因此在动态变化的事件队列中不能提供高性能。通过图 5.9 中曲线可以看出，在趋近 10000 个事件时，优化 AVL 排序树的执行时间是优先级队列的 1/2，比 AVL 排序树快 30%。

由图 5.10 中可以看出，本书提出的单排序多层次事件队列的性能最优，全局唯一事件队列其次，而双排序多层次事件队列的性能最差。根据前述的时间复杂度分析，全局唯一事件队列的事件复杂度为 $O(\lg n)$，大于单排序多层次事件结构 $1+O(\lg m)$，其中 m 是实体数量，n 是全局唯一事件队列的事件数量。由实验可以看出单排序多层次事件对结构对时间的消耗随时间以一个比较小的斜率增长，而全局唯一事件队列则随时间快速增长，呈现一个不稳定的增长状态，在 40000 个事件时已经接近了双排序多层次事件队列。这和全局唯一事件队列的动态性是相吻合的。双排序多层次的复杂度为 $1+O(\lg m)+O(\lg k)$，其

中 m 为实体数量,k 为 LP 数量。这里的 1 就是指从实体事件队列中取出第一个事件,几乎可以忽略。而在 AVL 排序树中,$O(\lg m)$ 和 $O(\lg k)$ 基本相等,所以双排序多层次事件队列的时间消耗约等于单排序多层次事件队列的 2 倍,这也在图 5.10 中得到了验证。

由图 5.11 中可以看出,在乐观情况下不管是哪种排序队列,仿真性能随着 LP 数量的增加呈类线性提高。而在这三种排序方法中,乐观时间同步下的优化 AVL 排序树性能最优,AVL 排序树次之,而优先级队列的性能最差。这和保守时间同步中的情况一致。需要说明的是,随着 LP 数量的增加,性能提升的幅度越来越小。在两个 LP 的情况下,AVL 排序树比优先级队列提升了 8%,而优化 AVL 排序树又在 AVL 排序树的基础上提升了 3%。但是到 16 个 LP 时,提升则分别只有 2% 和 0.8%。这是由于 LP 增多,每个 LP 内部需要排序事件数量减小,而仿真时间是根据完成仿真消耗时间最长的 LP 确定的。每个 LP 中需要排序的工作量越来越小,因此性能的提升也越有限。

5.4 小结

时间管理方法对面向装备智能化保障体系的分布式混合仿真至关重要。仿真时间管理是仿真系统中各功能模块的基础,也是仿真正确运行的重要保障,具有非常重要的研究意义。本章深入研究了分布式混合仿真的时间同步策略,在分析保守和乐观的时间同步策略的基础上,提出混合的时间同步策略,减小了同步计算量,提高了仿真的并发能力。针对仿真事件调度效率低下的问题,提出一种基于优化自平衡二叉排序树的分布式混合仿真事件调度优化方法,并进行了案例验证。实验结果表明,该方法一定程度上优化了仿真运行时间。

CHAPTER 6
第6章　分布式混合仿真的数据分发管理研究

6.1　引言

随着仿真规模不断扩大,多领域融合仿真不断加深,原有的集中式仿真已不能满足性能要求,分布式仿真应运而生。分布式仿真是指将分散在不同物理节点上的各种仿真实体通过仿真总线连接在一起共同完成某个任务。在分布式仿真中,数据分发管理是指分散的仿真实体通过网络中的消息传递进行数据交互、控制协调和状态监控,涉及的关键技术非常多,比如路由寻址、动态拓扑重构、传输质量控制、通信效能等。在这样的背景下,仿真的联合跨域越来越频繁,仿真系统也越来越复杂,仿真实体之间的数据交互也越来越多。如果不对数据交互进行有效控制,大量无用数据将充斥网络,引起拥塞、资源匮乏、传输时延增大。本章主要研究在保证传输质量和效率的情况下,如何有效控制数据分发的效率问题。

本章对基于DDS的数据分发方法进行研究,提出基于DDS的数据分发体系架构,可提供完全解耦的消息传递服务,实现平台无关操作,同时又能保障服务质量。对于装备智能化保障体系分布式混合仿真,由于DDS提供的基于主题的兴趣匹配方法精确度不高,针对事件丢失等问题,提出基于区域时空交点

第6章　分布式混合仿真的数据分发管理研究

预测的精确兴趣匹配算法,同步进行仿真实验验证,实验结果表明该算法在事件捕获能力、冗余匹配、运行性能方面优于其他算法。

6.2　基于DDS的数据分发方法

6.2.1　分布式混合仿真中的数据流分析

装备智能化保障体系仿真通过仿真引擎将分布在不同计算节点上的仿真实体连接起来,实现时间和空间上的统一,以仿真实体间的数据交互为基础推动仿真向前运行。因此,数据分发管理是分布式仿真中最重要的关键技术之一,它的分发对象主要包括以下3方面的内容。

(1) 仿真实体的基础数据。每个仿真实体都拥有各自的属性和状态数据,它们决定着仿真实体的变化趋势和运行结果。在基于乐观策略的仿真中,仿真实体的基本信息也会全程保存下来以备回滚操作。

(2) 仿真实体间的交互信息。仿真实体间的交互信息是体系仿真的纽带和驱动力,这些交互信息包括仿真实体的输入和输出消息,它是分布式仿真数据分发管理和服务的主要对象,也是体现复杂系统"涌现"性的催化剂。在仿真实体数量庞大、交互关系复杂的情况下,实体间的数据传输效率往往会受到网络质量、消息处理效率等方面的影响。因此,使用合理的数据分发机制、减少传输时延是提高仿真效率的关键因素。

(3) 仿真运行管理数据。仿真运行管理数据是指控制仿真进程产生的一些控制信息,比如状态监听数据、同步心跳数据、时间同步消息等。

6.2.2　基于DDS的数据分发体系结构

基于DDS的数据分发管理功能的体系结构可以根据DDS的层次结构进行扩展,如图6.1所示。DDS的体系结构划分成以数据为中心的"发布-订阅"

（Data-Centric Publish-Subscribe，DCPS）层、数据本地重构层（Data Local Reconstruction Layer，DLRL）和数据过滤层，这三个层次分别实现不同等级的业务需求[103]。

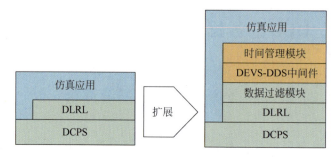

图 6.1 基于 DDS 的数据分发模块体系结构

如图 6.1 所示，DCPS 层位于体系结构的最底层，代表发布-订阅模式的基本框架，以全局数据空间为依托，完成数据或消息的公布、订购、处理和分发工作，负责将发布的数据传输给订阅者的任务[136]。DLRL 层在发布-订阅模式中是可选的，其主要功能是将数据直接传送给仿真应用，摒弃了 DDS 的烦琐协议[137]。数据过滤层主要包括数据过滤模块，针对大型仿真系统，发布-订阅模式下传输的消息数量非常大，需要在发布-订阅的基础上进行数据过滤，进一步提高匹配的精准度并减少匹配时间。DEVS-DDS 中间件代表介于 DDS 和 DEVS 仿真引擎之间，用于 DEVS 仿真消息与 DDS 消息之间的封装和解析以及两个异构系统之间的接口转换。时间管理模块代表依赖于数据分发模块，进行时钟同步消息、轮询心跳消息等的分发。

6.2.3 数据过滤机制研究

如 6.2.2 节所述，为了更进一步有效提高数据的传输精度，混合仿真引擎需要构建数据过滤机制，使仿真成员可以进一步缩小发布和订购需求的匹配范围，从而有效扩展仿真平台的数据分发能力。

支持数据过滤技术的主要方法是通过匹配发布和订阅消息的相关度来实现。本书 4.4.3 节介绍了 DDS 的基于主题的发布-订阅方法，还有比较常用的基于路径空间(Routing Space,RS)的方法,在混合仿真中可以根据不同的应用场景进行应用。下面对 RS 的相关概念进行解释,并作简单的形式化描述[49,138,139]。

(1) 路径空间 RS：使用归一化的多维坐标系统,由多个维度组合而成。其描述如下：RS＝＜Name,Dimension(i)|i=1,2,…,n＞,|RS|＝n,其中,Name 是路径空间的名称,Dimension(i)是组成路径的第 i 维,n 是路径空间的大小。

(2) 维(Dimension)：表示 RS 的其中一个维度,由一个数值区间的坐标轴段组成。其描述如下：Dimension＝＜Name,Type,Domain,Unit＞,其中 Name 是坐标轴名称,Type 是数据类型,Domain 是数据的上、下界,Unit 是数据的单位。

(3) 范围(Range)：路径空间中某个或者某几个维度的连续区间,也由坐标轴上的一个区间数值来定义。可描述为 Range＝＜Name,Low,High＞,其中 Low 和 High 都取自相应的 Domain 范围内。

(4) 限域(Extent)：属于 RS 的一个子集,由 RS 上每个维度的区间组成的一个多维空间。可描述为 Extent＝＜Range(i)|i=1,2,3,…,n＞。

(5) 区域(Region)：多个限域的集合,由同一路径空间中的限域组成。可描述为 Region＝＜Extent(j)|j=1,2,…,m＞。

在数据过滤应用中,发布区域和订阅区域都可以用路径空间来描述[140]。发布区域表示仿真成员要对外公开或更新的属性值,如果属性值是动态变化的,其发布区域在路径空间中也表现为一段连续的轨迹;订阅区域表示该路径空间内的数据如果有更新,就会被发送给仿真成员。只有一个仿真成员的发布区域与另一个成员的订阅区域相重叠,两个成员之间的数据连接才会被建立。范围、限域和区域的关系如图 6.2 所示。

多个限域集成在一起可以组成复杂的区域。区域是数据过滤机制中的核心参数,通过精确匹配发布成员和订阅成员之间的区域,判断其是否相交或重叠,决定是否在两个成员之间建立连接并发送数据。这样,可以极大地减少网络中的数据量,避免不相关的数据发送。因此,数据过滤机制其实质

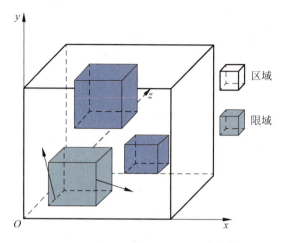

图 6.2 范围、限域和区域的关系[117]

就是计算两个区域是否相交,这个工作也是由仿真引擎完成的[49,141,142]。对限域设置得是否合理非常影响匹配性能,设置过多的限域会加大区域计算的工作量,也会导致传递的仿真事件增多;限域设置过少,则导致遗漏事件,数据丢失。因此,兴趣匹配算法的选择对数据过滤的效果和性能影响非常大。

DDM 的数据过滤流程如图 6.3 所示。兴趣表达阶段主要完成仿真成员各自发布预发布或订阅的区域;区域匹配则完成上述区域之间的匹配,判断其是否相交或重叠;建立连接则在已经匹配成功的仿真实体间建立数据通道;数据传输则将发布或订阅的数据传送给对方。

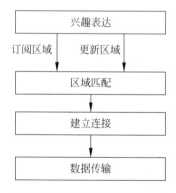

图 6.3 仿真数据过滤流程[49]

6.3 基于区域时空交点预测的精确兴趣匹配算法

在智能化保障体系中,保障对象是作战装备组成的作战体系。它们处于瞬息变化的战场空间,与作战行动相伴相生。因此,如何在确保保障体系中各实体时间一致性的基础上,为各实体之间的信息交互提供时间与空间相结合的精准匹配是混合仿真需要解决的关键问题,也是确保仿真系统空间一致的前提。发布-订阅模式中有效的兴趣匹配是减少实体间不相关数据交换的关键技术之一,可以大大提升仿真系统的性能和可用性。

6.3.1 典型的兴趣匹配算法分析

在过去的数十年中,很多国内外研究机构和学者都对数据过滤机制进行了深入的研究,提出很多有关兴趣匹配的算法,以便仿真实体过滤无关消息,只接收其感兴趣的数据。对于发布-订阅模式来说,典型的兴趣匹配算法可以分为基于区域划分的兴趣匹配方法、基于交互范围的兴趣匹配方法、基于类/主题的兴趣匹配方法和混合的兴趣匹配方法等。

基于区域划分的兴趣匹配方法将虚拟空间划分为多个网格,每个仿真实体都与网格相关联,只接收所关联网格内其他实体更新或发送的信息。仿真实体感兴趣区域的最小单元即为网格单元,一个实体可以与一个或多个网格单元相关联。实体感兴趣区域可以是多个网格单元[143],也可以被限制为单个网格单元[144,145]。网格单元的划分可以与战场空间中地图区域的划分一致,也可以采用矩形、六边形或其他多边形[146]。例如,在传统的兵棋推演系统中,一般使用六边形进行网格区域划分,在使用兰彻斯特方程进行毁伤计算时,会将战斗发生区域限定在相同或相邻的六边形内[147]。

基于交互范围的兴趣匹配以交互范围作为兴趣区域来进行描述。信息发布实体指定与其相关的发布区域,信息订阅实体指定相应的订阅区域。当发布实体的发布区域与订阅实体的订阅区域相交时,即建立发布实体与订阅实体之间的信息交互关系[148]。这种兴趣匹配模式的典型应用场景是将运动平台的形状作为发布区域,将感知装备的探测范围作为订阅区域。当运动平台进入传感器的探测范围时,意味着发布区域与订阅区域发生区域覆盖,即传感器可能探测到该运动平台。为了简化起见,作战仿真中对传感器探测范围的描述通常采用简单探测模式和环形探测模式[149]。而运动平台的发布区域一般采用质点、矩形或圆形这种形状来描述。

基于类/主题的方法是以类型为基本单元来指定实体发布或订阅的内容,或者在发布-订阅过程中需要过滤的内容。这样的类型可被描述为类或主题。例如,HLA标准中的声明管理服务支持联邦成员在进行数据交互之前向RTI声明它能发布的数据以及感兴趣的数据。这些数据类型可以按照对象类或属性,或者交互类来声明,用以过滤联邦成员之间的交换对象或交互信息[150]。DDS标准中的DataWriter和DataReader与主题相关联,特定的DataWriter只能发布特定主题类型的信息,特定的DataReader只能订阅特定主题类型的信息[151]。只有发布方和订阅方关联的主题一致,才有可能建立二者之间的信息交互。

混合兴趣匹配方法是上述方法的混合,在很多应用中都存在。除了通过声明管理描述基于类的发布-订阅关系、并通过对象管理实现对象实例层面的信息交互以外,HLA标准中的数据分发管理服务还支持带有区域的发布-订阅来过滤数据分发,减少网络数据传输。

在上述四种方法中,基于区域划分的兴趣匹配方法和基于交互范围的兴趣匹配方法都基于空间区域来描述发布-订阅信息。其中,基于区域划分的兴趣匹配方法将信息交互限制在一定的空间区域划分内,但是区域网格的大小设置会对模型执行效率产生较大的影响。特别是当区域划分与战场环境相关时,无法体现不同装备感兴趣范围的差异,也无法体现出环境模型的分辨率,从而影响匹配精度和可信性。基于交互范围的兴趣匹配方法其匹配精度更高,但是区域大小和位置不固定,导致确定重叠区域的计算量更大。因此,如何精确实现区域匹配是基于区域划分的兴趣匹配方法需要解决的核心问题。

区域兴趣匹配算法一般可以分为四类:蛮力算法、基于网格的算法、基于排序的算法和混合算法。蛮力算法遍历所有更新订阅的区域,以找到成对的重叠区域[152]。在该算法中,可简单地将区域定义为多维矩形[134,139,153]。为了提高算法的过滤精度,也可采用圆形、扇形、六边形等其他类型的区域。一般来说,更复杂的区域类型将引入更多的计算开销。该算法的特点是易于实现,且匹配精度较高。但是,当发布和订阅区域数量较多时,算法的运行效率较低,无法避免无效匹配检查。

为了降低蛮力算法的计算开销,一些研究提出使用基于网格的算法。该算法本质上采用基于区域划分的兴趣匹配方法。首先,该算法计算发布区域和订阅区域与单元网格的交叉点。然后,通过检查发布网格单元和订阅区域的重叠信息,判断它们是否与相同的网格单元相交[49,154]。虽然基于网格的算法的计算复杂度低于蛮力算法,并具有较高的运行效率,但其过滤精度低于蛮力算法。如果订阅实体的关联区域与同一网格单元格重叠,但实际上不相交,则订阅实体将从发布实体接收无关的数据。基于网格的算法也存在如何定义单元格大小的问题。大尺寸的单元格可以减少计算开销,但会导致更多不相关数据的传输。另外,较小的单元格具有较高的过滤精度,但消耗了更多的计算资源。

混合算法综合利用蛮力算法和基于网格的算法的优势来计算发布区域和订阅区域的重叠信息[49,141]。它首先使用基于网格的算法将所有区域映射到网格单元格,以避免所有发布-订阅区域对的重叠检测。然后,采用蛮力算法获得同一网格单元中区域的精确重叠信息。虽然混合算法优于基于区域的算法,并且具有更高的滤波精度,但它仍然面临着类似于基于网格的算法优化单元大小的问题。

混合算法和基于网格的算法都面临的另一个问题是:在检测网格单元和区域的重叠时引入了额外的开销。一些研究结果表明,一个简单的基于网格的索引算法甚至比基于 R 树的解决方案具有更好的性能[142,155]。

为了提高匹配检测时的效率,还可以采用基于排序的算法。该算法在每个维度上对各区域的端点进行排序,然后通过检查每个维度上区域的重叠来计算发布区域和订阅区域的交点。Yu 等[156]提出一个基于排序的算法的初步版本。Raczy 等[49]的实验结果表明,该算法优于基于区域的算法和混合算法。Ke 等[157]提出一种基于动态排序的匹配算法,通过避免对每个时间步长中所有区域每个维的端点进行重新排序来提高运行时性能。Fujimoto[158]提出一种改进的基于排序的兴趣匹配(Interest Matching, IM)算法, 通过使用向量记录区域的重叠部分来降低其算法的时间成本。

6.3.2 问题分析

在装备智能化保障体系中, 仿真实体典型地存在按主题或类进行发布-订阅、过滤的特点。例如, 对于按类建模的实体, 移动目标探测雷达可以订阅具有运动特征的实体类; 由于隐身轰炸机可以避开雷达的探测, 因此, 雷达和隐身轰炸机之间的探测信息交互将被过滤。同时, 仿真实体存在于统一的战场空间中, 在时间和空间上具有一致性, 所以, 仿真实体之间的信息交互还需要基于时间和空间进行更精确的匹配。因此, 智能化保障体系仿真除了使用 DDS 标准中基于主题的发布-订阅功能以外, 还需要研究基于空间区域的兴趣匹配方法。

四种典型的区域兴趣匹配算法中, 有的算法具有高效的运行时性能, 有的算法具有较高的过滤精度。它们都存在两个问题: 丢失事件问题和事件时间不精确问题。丢失事件是指在兴趣匹配算法的检测结果中遗漏实际发生的区域重叠事件[159]。假设兴趣匹配算法只在离散的时间步长执行区域重叠检测, 那么只发生在两个时间步长之间的重叠事件将被错过, 这将导致不正确的匹配结果。针对这一问题, 有三种可能的解决方案: 小步长兴趣匹配方法、区域扩展方法和时间-空间的方法。这三种方法都能在一定程度上提高事件捕获能力。

小步长兴趣匹配方法通过在时间维度上减小区域重叠检测的时间步长来提高事件的捕获能力[160]。理论上, 当区域重叠检测的时间步长为所有重叠事件发生的最小时间间隔维度时, 将捕获所有重叠事件。但是, 减少匹配时间步长将引入大量的计算开销, 降低其运行时性能。与小步长兴趣匹配方法不一样, 区域扩展方法通过在空间维度上增加冗余信息来提高重叠区域的检测精度。它通过扩展发布或订阅区域来捕获丢失事件[160]。这种方法的缺点是, 扩大发布-订阅区域会导致检测到许多假事件。这些假事件可能会使仿真实体接收大量无关信息, 降低算法的过滤精度。时空算法最初是由埃尔维斯等提出的[154]。该方法的基本思想是在离散的时间步长内基于发布区域和订阅区域扫过的区域来近似计算实际重叠的区域,以便发现可能丢失的事件。这种方法不增加区域的大小,也无须增加检测频率,因而具有更高的过滤精度和运行时性能。但是,该算法的过滤精度取决于时间阈值参数。它实际上是一个精度和效率之间的权衡。另外还有一种基于区域修剪的时空算法[161],该方法根据区域的最大影响面积计算重叠区域。区域剪枝方法旨在剔除不可能相互重叠的区域对,避免和减少算法的计算工作量。

事件时间不精确问题是指上述方法无法精确预测到准确的重叠事件发生时间。由于这些方法本质上是在离散时间点上执行兴趣匹配,因此它们所检测出的重叠事件发生时间总是在离散的时间点上,而在这些时间点之间的连续时间内的重叠变化都被忽略了。另外,这也导致冗余检测问题,在相邻时间步长均发生的区域重叠仍然需要重复进行检测。

这两个问题在某些对精度和效率要求不高的场景中无关紧要。例如,在基于 HLA 的分布式仿真中,数据分发管理的主要目的是在不影响联邦运行效率的基础上尽可能地减少网络数据流量。但是,在智能化保障体系混合仿真中,能否精确预测事件发生的时间是衡量其仿真结果是否可信的一个重要方面,这也是因为混合仿真是采用的 DEVS 离散事件仿真导致的。

上述两个问题的产生,本质在于没有充分利用发布-订阅区域的时空连续变化特点:发布和订阅区域在时间和空间上都可能发生变化,且这些变化都是连续的。因此,本书提出一种精确的区域时空交集预测模型,用来精确预测区域随时间连续变化过程中可能发生重叠的时间区间。

6.3.3 区域时空交叉预测模型

1. 模型与假设

假设沿用 6.2 节 DDM 数据过滤机制中有关区域的定义[49],将模型中的区域定义为 K 维矩形。

定义 6.1:区域 R 可以定义为 $R=[l_1,u_1)\times[l_2,u_2)\times\cdots\times[l_k,u_k)$,其中对每个 $i=1,2,\cdots,K,l_i<u_i,K$ 为维数,R 为实数域,l_i 为第 i 维区域的下界,

u_i 为第 i 维区域的上界。$[l_i, u_i)$ 是一个半开区间,称为第 i 维中区域的范围。

根据相关文献的研究[162],两个区域在 K 维空间重叠的充分必要条件是其范围在每个维度上彼此重叠。

定义 6.2:假设发布区域 $R^U[l_i^{R^U}, u_i^{R^U}]$ 和订阅区域 $R^S[l_i^{R^S}, u_i^{R^S}]$ 的重叠定义为 $R^U[l_i^{R^U}, u_i^{R^U}] \cap R^S[l_i^{R^S}, u_i^{R^S}] \neq \varnothing$。那么,当这两个区域在每个维度上的区间分别重叠时,两个区域重叠。亦即 $R^U[l_i^{R^U}, u_i^{R^U}] \cap R^S[l_i^{R^S}, u_i^{R^S}] \neq \varnothing \Leftrightarrow l_i^{R^U} < u_i^{R^S} \wedge l_i^{R^S} < u_i^{R^U}$。

定义 6.3:两个区域 R^U 和 R^S 彼此重叠,定义为 $R^U \cap R^S \neq \varnothing$。那么,两个区域在每个维度上的区间分别重叠。亦即 $R^U \cap R^S \neq \varnothing \Leftrightarrow [l_1^{R^U}, u_1^{R^U}] \cap [l_1^{R^S}, u_1^{R^S}] \neq \varnothing \wedge [l_2^{R^U}, u_2^{R^U}] \cap [l_2^{R^S}, u_2^{R^S}] \neq \varnothing \wedge \cdots \wedge [l_n^{R^U}, u_n^{R^U}] \cap [l_n^{R^S}, u_n^{R^S}] \neq \varnothing$。

定义 6.2 可以用来判断第 i 维区域是否重叠,定义 6.3 可以根据区域重叠特性将其降维得到单个维度上的区间重叠特性。

在装备智能化保障体系仿真中,仿真实体的运动通常被简化假设为分段匀速直线运动。仿真实体在移动的过程中,在位置发生变化的同时引起兴趣区域的连续变化。若发布-订阅区域所处空间中某一位置可以用多项式函数 $F(t)$ 来表示($F(t)$ 是一个以连续时间变量 t 为参数的函数,且是关于变量 t 的连续可微函数),那么 $F(t)$ 随着仿真系统的时间推进可能发生连续变化。根据定义 6.1 和分段匀加速直线运动的假设,可以得到区域在某一段匀加速直线运动时间间隔 $[t_a, t_b]$ 内的多项式函数 $F(t)$ 满足

$$F(t) = v(t_a) \times t + \frac{1}{2}at^2, \quad t_a \leqslant t < t_b \tag{6-1}$$

其中,v 和 a 分别表示第 i 段匀加速直线运动的速度和加速度。$[t_a, t_b]$ 也称为预测时间间隔。假设在每一预测时间间隔进行匀加速直线运动过程中,区域的形状不发生变化。那么根据定义 6.2 和 6.3,对 K 维区域的相交检测可以转换为发布区域和订阅区域在每一维度上范围区间的相交检测。因此,可以通过实体的多项式运动函数来分别描述与实体相关联的区域范围下限和上限的运动。

$$l_i(t) = l_i(t_a) + v_i(t_a) \times t + \frac{1}{2}a_i t^2, \quad t_a \leqslant t < t_b \tag{6-2}$$

$$u_i(t) = u_i(t_a) + v_i(t_a) \times t + \frac{1}{2}a_i t^2, \quad t_a \leqslant t < t_b \quad (6\text{-}3)$$

其中,$l_i(t_a)$、$u_i(t_a)$ 分别表示 t_a 时刻区域第 i 维范围的下限和上限位置,$l_i(t)$、$u_i(t)$ 分别表示 $t(t_a \leqslant t < t_b)$ 时刻区域第 i 维范围的下限和上限位置;$v_i(t_a) \in \mathbf{R}$ 是虚拟实体在维度 i 中的速度,$a_i \in \mathbf{R}$ 是虚拟实体在维度 i 中的加速度,且满足加速度 a_i 在 $[t_a, t_b]$ 时间间隔内是恒定的。

这样,K 维区域的相交预测问题被转换为 $[l_i^P(t), u_i^P(t)]$ 与 $[l_i^S(t), u_i^S(t)]$($i=1,2,\cdots,K$)的重叠时间求解问题。其中,$l_i^P(t)$、$u_i^P(t)$ 分别表示 $t(t_a \leqslant t < t_b)$ 时刻发布区域第 i 维范围的下限和上限位置,$l_i^S(t)$、$u_i^S(t)$ 分别表示 $t(t_a \leqslant t < t_b)$ 时刻订阅区域第 i 维范围的下限和上限位置。

2. 范围重叠预测

如前所述,要计算 $[t_a, t_b]$ 期间两个区域重叠的时间范围,有必要获取每个维度中范围重叠的时间间隔。根据式(6-1)~式(6-3),对于更新区域 R^U 和订阅区域 R^S,描述它们在维度 i 中的下界和上界的运动的多项式函数表达如下所示:

$$l_i^P(t) = l_i^P(t_a) + v_i^P(t_a) \times t + \frac{1}{2}a_i^P t^2, \quad t_a \leqslant t < t_b \quad (6\text{-}4)$$

$$u_i^P(t) = u_i^P(t_a) + v_i^P(t_a) \times t + \frac{1}{2}a_i^P t^2, \quad t_a \leqslant t < t_b \quad (6\text{-}5)$$

$$l_i^S(t) = l_i^S(t_a) + v_i^S(t_a) \times t + \frac{1}{2}a_i^S t^2, \quad t_a \leqslant t < t_b \quad (6\text{-}6)$$

$$u_i^S(t) = u_i^S(t_a) + v_i^S(t_a) \times t + \frac{1}{2}a_i^S t^2, \quad t_a \leqslant t < t_b \quad (6\text{-}7)$$

假设范围在时间间隔 $[t_1, t_2] \subseteq [t_a, t_b]$ 内重叠,根据定义 6.2,可得 $\forall t \in [t_1, t_2]$ 有如下不等式:

$$\begin{cases} q(t) = u_i^P(t) - l_i^S(t) > 0 \\ p(t) = u_i^S(t) - l_i^P(t) > 0 \end{cases} \quad (6\text{-}8)$$

令 $A = \frac{1}{2}a_i^P - \frac{1}{2}a_i^S, B = v_i^P - v_i^S, C = u_i^P(t_a) - l_i^S(t_a), D = u_i^S(t_a) - l_i^P(t_a)$,

于是,可得

$$\begin{cases} q(t) = At^2 + Bt + C > 0 \\ p(t) = -At^2 - Bt + D > 0 \end{cases} \quad (6\text{-}9)$$

为了计算满足上述不等式的$[t_1, t_2]$,首先要找到式(6-10)和式(6-11)的实数根。

$$q(t) = At^2 + Bt + C = 0 \quad (6\text{-}10)$$

$$p(t) = -At^2 - Bt + D = 0 \quad (6\text{-}11)$$

一旦计算出式(6-10)和式(6-11)的根,就可以得到满足不等式(6-9)的精确时间间隔。为了求解式(6-10)和式(6-11),必须考虑3种不同的情况:$A \neq 0$;$A = 0, B \neq 0$;$A = 0, B = 0$。

(1) 情况1:$A \neq 0$。

在$A \neq 0$的情况下,式(6-10)没有根或2个根(本书中,相同的两个根被视为两个根)。因此,$q(t) = 0$和$p(t) = 0$最多存在4个根。假设4个根分别表示为r_1, r_2, r_3, r_4且满足$r_1 \leq r_2 \leq r_3 \leq r_4$。图6.4显示出了式(6-10)和式(6-11)的根的关系。多项式$q(t)$和$p(t)$可以互相交换。如图6.4(a)所示,当有4个根(每个方程都有2个根)时,时间间隔$[r_1, r_2]$和$[r_3, r_4]$满足不等式(6-9),亦即$\text{range}_i^P = [l_i^P(t), u_i^P(t)]$与$\text{range}_i^S = [l_i^S(t), u_i^S(t)]$可能重叠。这两个范围在$r_1$处开始相互重叠,在$r_2$处分开;当时间推进到$r_3$时再一次进入重叠,到达$r_4$时又分开。

当$q(t) = 0$或$p(t) = 0$中仅有一个成立时,方程组有2个根r_1, r_2,如图6.4(b)所示。在时间间隔$[r_1, r_2]$内,range_i^P与range_i^S永不重叠,如图6.4(c)所示,重叠时间间隔为空。表6.1中展示出了不同根数和重叠时间间隔的关系。在没有根的情况下,重叠时间间隔为空。如果方程(6-10)和方程(6-11)有2个根,则重叠时间间隔为$[r_1, r_2]$。对于4个根的情况,有2个时间间隔$[r_1, r_2]$和$[r_3, r_4]$。然后,可以通过计算$[t_a, t_b]$与根定义的重叠时间间隔的交集来获得属于$[t_a, t_b]$的重叠时间间隔。PTI是时间的交叉点,PTS是分离的时间点。

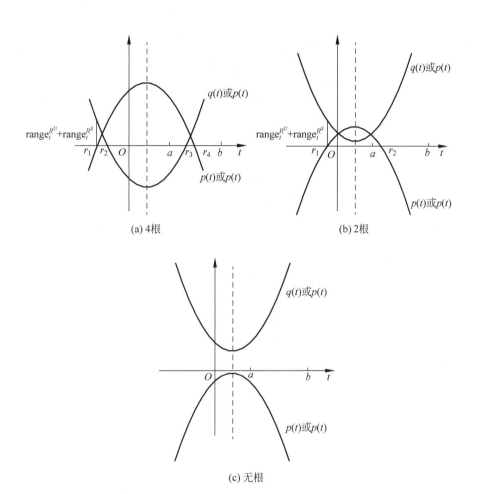

图 6.4 两个范围重叠的时间间隔($A \neq 0$)

表 6.1 根与重叠时间间隔的关系($A \neq 0$)

根	r_1	r_2	r_3	r_4	重叠时间间隔/s	图 6.4 中重叠时间间隔与$[a,b]$的交点
无根	—	—	—	—	empty	empty
2 根	PTI	PTS	—	—	$[r_1,r_2]$	$[a,r_2]$
4 根	PTI	PTS	PTI	PTS	$[r_1,r_2],[r_3,r_4]$	$[r_3,r_4]$

(2) 情况 2：$A=0, B \neq 0$。

当 $A=0, B \neq 0$ 时，式(6-10)和式(6-11)退化为线性方程。$q(t)$ 和 $p(t)$ 的

关系在图 6.5 中标出。式(6-10)和式(6-11)分别有一个根 r_1 和 r_2。假设 r_1 和 r_2 满足 $r_1 \leqslant r_2$。因此,重叠时间间隔为 $[r_1, r_2]$。类似于 $A \neq 0$ 的情况,表 6.2 中显示了根与重叠时间间隔的关系。

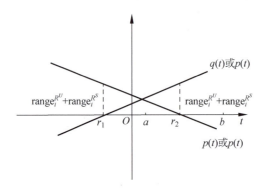

图 6.5　两个范围重叠的时间间隔($A=0, B \neq 0$)

表 6.2　根与重叠时间间隔的关系($A \neq 0$)

根	r_1	r_2	重叠时间间隔/s	图 6.5 中重叠时间间隔与$[a,b]$的交点
2 根	PTI	PTS	$[r_1, r_2]$	$[a, r_2]$

(3) 情况 3:$A=0, B=0$。

在 $A=0$ 和 $B=0$ 的情况下,实体在 $[t_a, t_b]$ 期间保持静止。因此,range_i^P 与 range_i^S 在预测时间间隔 $[t_a, t_b]$ 上均不移动。此时,区域重叠时间预测问题变为 t_a 时刻区域重叠检测问题。如果这两个范围在 t_a 时刻重叠,则它们在整个时间间隔 $[t_a, t_b]$ 期间重叠。相反,如果它们在 t_a 时刻不相交,则它们在 $[t_a, t_b]$ 上的任意时刻都不会相交。

根据情况 1～3,可以准确获得两个区域内实数域中的重叠时间间隔。这些时间间隔与预测时间间隔 $[t_a, t_b]$ 的交集是两个范围的实际重叠时间间隔。

3. 区域重叠预测

将第 i 维中两个区域的 $[t_a, t_b]$ 中的实际重叠时间间隔的集合表示为 IntervalSe t_i。根据定义 6.2 和 6.3,两个区域的重叠时间间隔的集合(表示为

ROTI)是每个维度上所有 IntervalSe t_i 的交集,则有

$$\mathrm{ROTI} = \bigcap_{i=1}^{K} \mathrm{IntervalSe}\ t_i$$

其中,IntervalSe t_i 和 IntervalSe t_j 的交集(表示为 IntervalSe $t_i \bigcap$ IntervalSe t_j)为两个时间间隔的交集。下面给出两个区域的重叠预测算法(ROTIAlgorithm),如算法 6.1 所示。其中考虑了 $[t_a^P, t_b^P]$ 和 $[t_a^S, t_b^S]$ 不同的情况,此时取两个区域的预测时间间隔的下限为 t_a^P 和 t_a^S 的最大值,两个区域的预测时间间隔的上限是 t_b^P 和 t_b^S 的最小值。算法 6.1 中的第 2、3 行显示了计算预测时间间隔的过程。ROTI 的过程涉及如何确定所有 K 个维度上的区间的交集,如第 25、26 行所示。对于第一维间隔集 IntervalSe t_i 中的每个间隔,计算该间隔与 ROTI 中每个间隔的交集。然后,将结果用于替换 ROTI 中的间隔,计算该间隔与 ROTI 中每个间隔的交集。然后,将结果用于替换 ROTI 中的间隔。最后,对其余的时间间隔集重复上述两个步骤。

算法 6.1   ROTIAlgorithm

Input: the publication region R^U, the subscription region R^S
Variables: $[t_a^{R^U}, t_b^{R^U}]$, $[t_a^{R^S}, t_b^{R^S}]$
Output: ROTI
1: $ROTI \leftarrow (-\infty, +\infty)$
2: $t_a = \max(t_a^{R^U}, t_a^{R^S})$
3: $t_b = \min(t_b^{R^U}, t_b^{R^S})$
4: for each dimensioni in the N-dimension
5:     $q(t) = At^2 + Bt + C = u_i^{R^U}(a)t + v_i^{R^U}(a)t + 0.5a_i^{R^U}t^2 - (l_i^{R^S}(a) + v_i^{R^S}(a)t + 0.5va_i^{R^S}t^2)$
6:     $p(t) = -At^2 - Bt + D = u_i^{R^S}(a)t + v_i^{R^S}(a)t + 0.5a_i^{R^S}t^2 - (l_i^{R^U}(a) + v_i^{R^U}(a)t + 0.5va_i^{R^U}t^2)$
7:     If (A = 0 and B = 0)
8:         If(IsOverlap(R^U, R^S))
9:             IntervalSe $t_i \leftarrow [t_a, t_b]$
10:        else
11:            $ROTI \leftarrow ROTI \bigcap \varnothing$
12:        end if
13:    else

```
14:        r₁,r₂,r₃,r₄ ← solve q(t) = 0 and p(t) = 0
15:        if (two roots)
16:            IntervalSe tᵢ ← [r₁,r₂] ∩ [tₐ,t_b]
17:        end if
18:        if (four roots)
19:            IntervalSe tᵢ ← [r₁,r₂] ∩ [tₐ,t_b]
20:            IntervalSe tᵢ ← [r₃,r₄] ∩ [tₐ,t_b]
21:        end if
22:        if (no root)
23:            ROTI ← ROTI ∩ ∅
24:        end if
25:    end for
26:    for each dimensioni in the N − dimension
27:        ROTI ← ROTI ∩ ∅
28:    end for
```

4. 潜在的重叠区域和区域修剪

区域重叠预测算法可以准确捕获在两个区域的预测时间间隔内发生的所有重叠事件。可以采用蛮力算法选择每个更新-订阅区域对,并对每个区域对执行区域重叠预测算法来实现所有区域的兴趣匹配。但是,很明显,蛮力算法不是最佳算法,因为在预测时间间隔内,某些发布区域可能永远不会与某些订阅区域重叠。本节提出基于区域在预测时间间隔内可能运动的最大影响区来获取该区域的潜在重叠区域。使用这种方法,本节提出的算法可以剔除在预测时间间隔内不太可能相互重叠的区域对。该方法与区域重叠预测算法相结合,可以分为三个步骤:

(1) 分别计算发布区域和订阅区域在预测时间间隔 $[t_a, t_b]$ 上的最大影响区域。

(2) 使用基于排序的兴趣匹配算法[49,163]计算最大影响区域是否相交。如果相交,则进入步骤(3);否则,返回区域相交预测的结果为"不相交"。

(3) 根据运动信息对区域对进行区域重叠预测,计算得到相交时间。通过区域修剪,可以在执行精确的区域重叠预测之前,删除在预测时间间隔内肯定不会重叠的区域对。当战场空间中存在大量区域的情况下,区域修剪可以避免大量不必要的匹配计算。

6.3.4 实验和结果

本节进行了 4 组实验以评估 4 种兴趣匹配算法的优劣,即:

(1) 使用基于排序的算法进行频繁兴趣匹配(FDDM);

(2) 使用基于排序的算法进行时空兴趣匹配(STPDDM);

(3) 使用蛮力算法进行预测的兴趣匹配算法(PDDM-BF);

(4) 使用区域时空交点预测的精确兴趣匹配算法(PDDM)。

FDDM 算法将仿真时间步长分为几个小时间子间隔。在每个时间子间隔,FDDM 使用基于排序的算法对所有更新订阅区域对执行兴趣匹配,以捕获两个连续时间步之间的事件。捕获丢失事件的能力取决于时间间隔的大小。STPDDM 算法是一种连续匹配算法,由 Liu 和 Theodoropoulos[159]提出。它使用区域扫过的立体空间来剔除不太可能相互重叠的区域对,然后采用分而治之的算法来确定丢失的事件。与 FDDM 算法相似,STPDDM 算法使用时间阈值来确定区域对是否相互重叠。PDDM-BF 算法使用本书提出的区域时空交叉点的预测方法来计算区域对的重叠,这是一种精确且连续的兴趣匹配算法。但是,PDDM-BF 算法通过蛮力算法执行区域对的选择。与之相比,PDDM 算法使用区域修剪方法来选择区域对。除了选择区域对之外,PDDM 与 PDDM-BF 算法相似。所有 4 种算法均具有捕获丢失事件的能力。为了定量评估这 4 种算法,设计了以下 4 个指标。

(1) 事件捕获能力:评估算法捕获丢失事件的能力。

(2) 避免冗余匹配:评估算法避免冗余匹配的能力。

(3) 运行时性能:评估兴趣匹配过程的计算性能。

(4) 可伸缩性:评估 IM 算法在真实的分布式仿真基础架构上的可伸缩性。

1. 实验设置

为了评估这 4 个算法,分别进行了原型实验。实验想定包括一个二维战场空间和多个移动智能体。这些智能体分为发布组和订阅组。每个智能体都与一个发布区域或一个订阅区域相关联。智能体可以在二维空间中运动。表6.3列出了一些基本的实验参数。

表6.3 实验参数配置

虚拟空间大小	宽*高	虚拟空间的大小设置为 $4KM*4KM$
智能体的数量	$L+M$	L 为发布组智能体数量,M 为订阅组智能体数量,智能体的初始位置均匀分布在虚拟空间中
PDDM算法的预测时间间隔	φt	每个智能体的预测时间间隔设置为随机变量。智能体的运动按照以下三种模式变化。正常速度:智能体按照最大速度的1/4保持匀速运动。在该模式下,预测时间间隔分布于60~90s。加速:智能体在随机方向上加速运动直至达到最大速度。最大速度:智能体按照最大速度运动。在该模式下,预测时间间隔分布于30~60s
智能体的最大速度	mv	智能体的最大速度为随机变量,均匀分布在3.2~6.7m/s。初始速度为 $mv/3$
智能体的加速度	a	智能体的加速度为随机变量,均匀分布在1.2~2.3m/s^2
发布区域	$UW \times UL$	5mm×5mm
订阅区域	$SW \times SL$	100mm×100mm
仿真时间步长	Δt	时间步长用 Δt 表示,并在仿真时间中设置为1s
仿真执行时间	ETS	匹配算法的平均执行时间超过5000个时间步长
重叠数量	CO	仿真运行过程中匹配算法的重叠总数
PDDM的时间间隔	σt	PDDM执行匹配操作的时间间隔
STPDDM的时间阈值	δt	STPDDM的时间阈值,用于测试是否将时间间隔分为两个相等的子间隔

2. 事件捕获能力

第一组实验比较了FDDM,STPDDM,PDDM-BF和PDDM捕获丢失事件的能力(智能体的数量从100扩展到2000)。以5000个时间步长执行实验,并计算4种算法检测到的区域重叠总数。FDDM的时间间隔 σt 和STPDDM的时间阈值 δt 均被设置为 $\Delta t/64$。4种算法的区域重叠计算结果如图6.6所示,当智能体数量增加时,所有算法的重叠计算结果也会增加。造成这种现象的原因是,当战场空间大小不变时,战场空间中的智能体越多,与之相关的区域重叠的机会也越大。

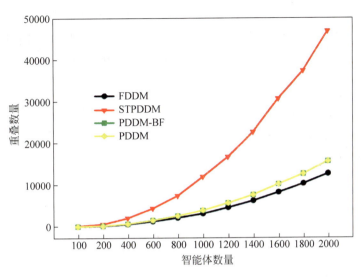

图 6.6 4 种兴趣匹配算法的事件捕获能力

另外,在相同数量的智能体下,PDDM-BF 和 PDDM 具有相同的重叠计数,因为这两种算法都使用区域时空交叉点的预测方法来检测区域重叠。它们的事件捕获能力相同。值得注意的是,实验结果表明,STPDDM 检测到的重叠数量大于 PDDM,并且随着智能体数量的增加,差异变得更为显著。如前所述,PDDM 通过智能体的运动函数来检测区域重叠。因此,通过 PDDM 获得的区域重叠数是准确的。但是,STPDDM 使用除该区域以外的其他区域的扫过范围来检测区域重叠,这可能导致虚假事件。因此,由 STPDDM 检测到的重叠计数大于 PDDM。另外,当智能体的数量增加时,区域扫过范围重叠的可能性将远大于区域实际重叠的可能性。这也解释了 STPDDM 检测到的重叠数比 PDDM 显著增加的原因。

图 6.6 中的结果还表明,FDDM 检测到的重叠数少于 PDDM。如前所述,FDDM 仅在离散时间点执行兴趣匹配,它无法检测到离散时间子间隔之间发生的重叠。离散算法会忽略许多重叠,而 PDDM 算法仍可以捕获它们。因此,它的事件捕获能力比 PDDM 弱。

对于 FDDM,一种提高事件捕获能力的简单方法是减少匹配的时间间隔并执行频繁的离散兴趣匹配。为此,本书将 FDDM 的时间间隔 σt 从 $\Delta t/2$ 减小到 $\Delta t/128$,并将结果与 PDDM 进行比较。在该实验中,智能体数固定为 1200。结果如图 6.7 所示。实验表明,当时间间隔减小时,FDDM 可以捕获更多的重叠。然而,当时间间隔 σt 减小到 $\Delta t/64$ 时,重叠数变得稳定。同时,PDDM 捕获的重叠计数保持不变。因此可以得出结论,尽管通过减小 FDDM 的时间间隔可以捕获更多的重叠,但是 FDDM 的两个连续匹配操作之间仍然可能存在被忽略的重叠。FDDM 和 PDDM 之间重叠计数的差异可以视为"丢失事件"。

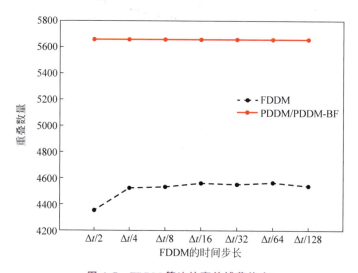

图 6.7 FDDM 算法的事件捕获能力

对于 STPDDM,减少"虚假事件"的方法是减少时间阈值。为了比较 STPDDM 和 PDDM 的准确事件捕获能力,可在此实验中将 STPDDM 的时间阈值 σt 从 $\Delta t/2$ 扩展到 $\Delta t/128$。实验结果如图 6.8 所示。该结果表明,当阈值减小时,STPDDM 算法的重叠计数逐渐减小,因为减小阈值将导致算法执行更多的递归操作,从而提高算法的过滤精度。

当 STPDDM 的重叠计数达到稳定数(≈ 16637)时,该数目大约是 PDDM 结果(≈ 5657)的 3 倍。这一结果表明,尽管 STPDDM 可以捕获"丢失事件",但它会引入"虚假事件"。也就是说,它的过滤精度低于 PDDM。

第6章 分布式混合仿真的数据分发管理研究

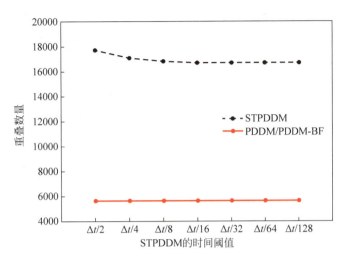

图 6.8 STPDDM 算法的事件捕获能力

3. 冗余匹配的减少情况

PDDM 算法无须在离散的时间步长间隔执行区域的重叠测试。在预测时间间隔的开始时刻,算法便可以准确地预测区域的重叠时间间隔。

第二组实验比较了 FDDM、STPDDM、PDDM-BF 和 PDDM 避免冗余匹配(100～2000 的智能体数量)的能力。以 5000 个时间步长执行实验并计算区域重叠数和 4 种算法执行的匹配计数。FDDM 的时间间隔 δt 和 STPDDM 的时间阈值 σt 都被设置为 $\Delta t/64$。实验结果如图 6.9 和表 6.4、表 6.5 所示。为了

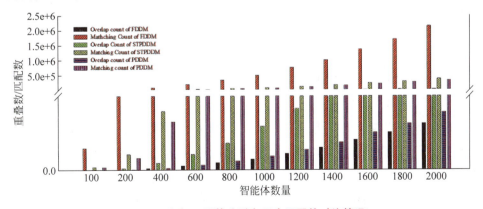

图 6.9 兴趣匹配算法避免冗余匹配的对比情况

捕获事件,FDDM 的匹配数在 4 种算法中最大,冗余匹配计数随智能体数量呈指数增长。第二差的算法是 STPDDM,STPDDM 使用扫过的空间区域捕获丢失的事件,这显然会导致大量的冗余匹配。

表 6.4 兴趣匹配算法的匹配数量和重叠数量对比(Ⅰ)

智能体数量	100	200	400	600	800	1000
FDDM 的重叠数量	33	151	538	1220	2065	3069
FDDM 的匹配数量	6015	23494	86383	204519	346869	510972
STPDDM 的重叠数量	122	559	1985	4357	7364	11893
STPDDM 的匹配数量	962	4365	15909	35594	61013	96647
PDDM-BF 的重叠数量	35	174	624	1487	2520	3895
PDDM-BF 的匹配数量	615247	2479044	9943662	22367198	39637110	62042851
PDDM 的重叠数量	35	174	624	1487	2520	3895
PDDM 的匹配数量	860	3352	13180	30520	54843	85349

表 6.5 兴趣匹配算法的匹配数量和重叠数量对比(Ⅱ)

智能体数量	1200	1400	1600	1800	2000
FDDM 的重叠数量	4566	6177	8196	10268	12642
FDDM 的匹配数量	767911	1009847	1367471	1699052	2137662
STPDDM 的重叠数量	16648	22649	30629	37364	46837
STPDDM 的匹配数量	136709	186037	251063	304815	383840
PDDM-BF 的重叠数量	5657	7607	10188	12634	15644
PDDM-BF 的匹配数量	89223475	121354287	158613085	201174342	248626670
PDDM 的重叠数量	5657	7607	10188	12634	15644
PDDM 的匹配数量	122643	166811	219372	276230	340664

由于 STPDDM 和 PDDM 都使用类似的方法来剔除不太可能相互重叠的区域对,因此 STPDDM 和 PDDM 都比 FDDM 更好。另外,这两种算法都具有避免冗余匹配的相似能力。

STPDDM 中区域的扫过空间范围的计算基于时间阈值 δt,而 PDDM 中区域的扫过空间范围的计算则基于预测的时间间隔。通常,PDDM 中区域的扫过空间范围的大小大于 STPDDM 中区域的体积。但是,PDDM 计算扫过空间范围的目的是进行剪枝。所以,实际上,PDDM 的匹配次数小于 STPDDM。因此,与 STPDDM 相比,PDDM 具有更好的避免冗余匹配的能力。

4. 运行时性能

第三组实验中将 FDDM、STPDDM、PDDM-BF 和 PDDM 的运行时性能与从 100 扩展到 2000 的智能体数量进行比较。FDDM 的时间间隔 δt 和 STPDDM 的时间阈值 σt 都被设置为 $\Delta t/64$。

4 种算法的执行时间如图 6.10 所示。结果表明，当智能体数量增加时，所有算法的执行时间也会增加。这是因为在将更多的智能体添加到战场空间时，所有算法的区域对匹配操作的数量增加了。

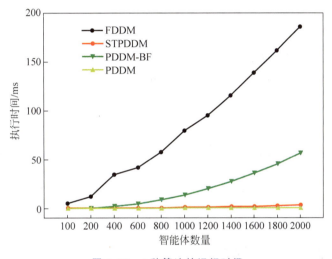

图 6.10　4 种算法的运行时间

可以看到，尽管 PDDM-BF 通过使用蛮力算法执行兴趣匹配，而 FDDM 使用基于排序的算法执行兴趣匹配，但 FDDM 算法比 DDM-BF 消耗更多的计算时间。当智能体数量逐渐增加时，这种差异变得很明显。这是由于：①在 FDDM 算法中通过对区域范围内的所有端点进行排序而引入开销；②PDDM-BF 算法仅测试运动函数已更新的区域。

图 6.10 还显示出 STPDDM 算法比 FDDM 和 PDDM-BF 有更好的运行时性能。尽管 STPDDM 和 FDDM 都使用基于排序的算法执行兴趣匹配，但是 STPDDM 使用扫过区域范围来剔除不太可能彼此重叠的区域对。如前所述，STPDDM 具有更好的避免冗余匹配的能力。因此，与 FDDM 相比，STPDDM

所需的计算量更少。同样,尽管 PDDM-BF 使用的区域时空交集精确预测要比 STPDDM 使用的分治算法更有效,但是 PDDM-BF 的冗余匹配计数要比 STPDDM 的冗余匹配计数大得多,因此,PDDM-BF 的运行时性能比 STPDDM 差。

值得注意的是,PDDM 算法相比其他三种算法具有更好的运行时效率。尽管 PDDM 和 STPDDM 都使用扫过空间范围来避免不必要的区域对匹配,但是 PDDM 的冗余匹配计数小于 STPDDM 的计数(参见表 6.4 和表 6.5)。而且,STPDDM 中分治算法所引入的开销也大于 PDDM 中区域对的相交计算所消耗的时间。因此,与 STPDDM 相比,PDDM 执行兴趣匹配所需要的计算更少。

尽管 PDDM 和 PDDM-BF 都使用区域时空交集的精确预测方法来进行兴趣匹配,但是 PDDM 使用区域修剪方法来减少冗余匹配。所以,PDDM 的性能肯定优于 PDDM-BF。对于 PDDM 和 FDDM,尽管在 PDDM 中计算扫过空间范围和区域对的交点会带来一些开销,但 FDDM 的冗余匹配数要比 PDDM 的要大得多。冗余匹配会降低 FDDM 的性能,使其性能不及 PDDM。

对于 FDDM 算法,时间间隔是影响其运行时性能的主要参数。尽管减小 FDDM 的时间间隔可以提高其事件捕获能力,但 FDDM 算法的性能也会降低。在实验中将 FDDM、PDDM-BF 和 PDDM 的运行效率与 $\Delta t/2 \sim \Delta t/128$ 的 FDDM 时间间隔 δt 进行比较。智能体数量设置为常量 1200。

图 6.11 显示了 FDDM、PDDM-BF 和 PDDM 的执行时间。可以观察到,当 FDDM 的时间间隔减小时,其执行时间会迅速增加。这是由 FDDM 在每个离散时间点对所有区域执行重叠评估所需的额外计算量引起的。FDDM 的计算开销与它的时间间隔的大小成负比例。随着时间间隔的变化,PDDM-BF 和 PDDM 的执行时间保持不变。另一个观察结果是,当 FDDM 的时间间隔大于 $\Delta t/16$ 时,PDDM-BF 的性能优于 FDDM。更重要的是,在所有时间间隔值的情况下,与 FDDM 相比,PDDM 花费更少的时间来捕获所有丢失的事件。

对于 STPDDM 算法,降低时间阈值可以提高其过滤精度。但是,时间阈值也会影响 STPDDM 的运行时性能。为了阐明 FDDM 的时间阈值与其运行时间效率之间的关系,将 STPDDM 的时间阈值 σt 从 $\Delta t/2$ 扩展到 $\Delta t/128$。智能体的数量设置为常数 1200。

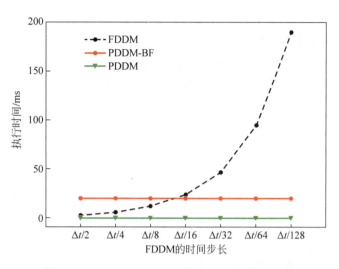

图 6.11　FDDM、PDDM-BF 和 PDDM 的执行时间

图 6.12 显示了 STPDDM、PDDM-BF 和 PDDM 的执行时间。可以看到，不同时间阈值的 STPDDM 执行时间的变化非常小，甚至可以忽略不计。STPDDM 算法使用分而治之的方法将时间步分为时间子间隔，以对区域对执行重叠测试。一旦检测到两个区域相互重叠，就结束重叠测试的过程，并忽略时间子间隔的剩余部分。因此，STPDDM 算法不会在所有时间片上测试区域对的重叠状态。缩小 STPDDM 的时间间隔不会带来更多的计算开销。

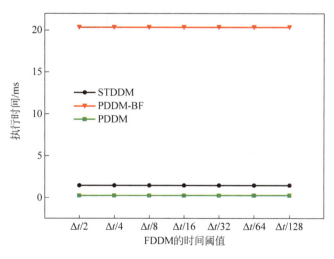

图 6.12　STPDDM、PDDM-BF 和 PDDM 的执行时间

实验结果显示,PDDM-BF 算法比 STPDDM 算法需要更多的执行时间。这是由于 PDDM-BF 引入了蛮力算法,执行许多不必要的区域匹配以捕获事件。对于 PDDM 算法,其性能优于 STPDDM 算法。与 STPDDM 相比,PDDM 使用时空交集的精确预测方法来避免更多的冗余匹配,其开销也相对较小。

6.4 小结

本章对装备智能化保障体系分布式混合仿真的数据分发管理进行深入的研究,首先分析仿真中的数据流,提出基于 DDS 的发布-订阅模式,可以保证高效可靠地进行仿真消息的传输。针对仿真交互数据过大的问题,分析基于兴趣匹配的数据过滤机制,提出基于区域时空交点预测的精确兴趣匹配算法,大大减少了仿真实体间的无关消息传输。经过实验对比,证明该算法在事件捕获、冗余匹配、运行时效率和可伸缩性方面优于其他常用算法。

CHAPTER 7
第7章　原型系统与经典案例

7.1　原型系统

7.1.1　系统体系结构

仿真模型的构建和组成是一个仿真系统运行的核心和关键。这些模型通过对装备实体和装备保障要素的行为(行进规则、自适应规则等)、属性(内部状态、组织关系等)以及战场环境的描述，驱动它们在计算机中实现，从而揭示体系的运行规律。分布式混合仿真的仿真引擎和运行管理也同样重要，它建立仿真模型间交互以及控制时间推进，是仿真各实体运行的基础平台。整个原型系统架构设计如图 7.1 所示。

原型系统根据功能结构分为仿真应用层、仿真运行层、物理数据库层和仿真支撑层。仿真支撑层主要负责仿真开始前的模型准备与数据管理工作。物理数据库层主要负责收集和存储仿真运行过程中产生所有的电子数据，包括智能体模型库、基础模型库、规则库等。仿真运行管理层主要负责对仿真运行过程的控制和管理，以及采集仿真运行数据。仿真应用层则面向上层应用，负责用户交互等工作。原型系统的运行流程如图 7.2 所示。

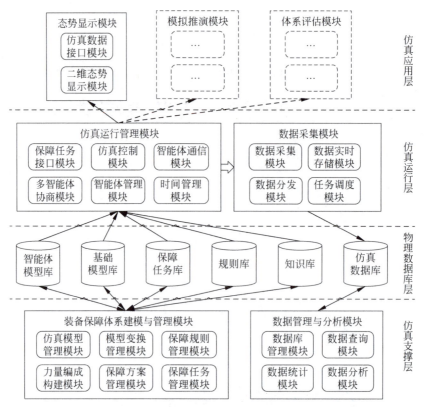

图 7.1 装备智能化保障体系分布式混合仿真原型系统体系结构

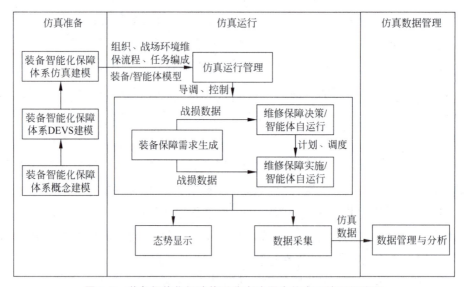

图 7.2 装备智能化保障体系分布式混合仿真系统运行流程

7.1.2 功能模块设计

装备智能化保障体系仿真原型系统的核心目标是:能够按照用户需求灵活构建基于任务的装备智能化保障体系模型,通过计算机仿真模拟对装备的保障过程,以考察、验证定制不同装备保障体系之间的效能和差异。因此,按照原型系统的体系结构来设计各功能模块,如图7.3所示。

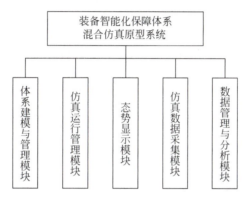

图7.3 装备智能化保障体系分布式混合仿真原型系统功能结构

1. 建模与管理模块

装备智能化保障体系建模模块是仿真系统中最重要的部分,它是将军事实际世界通过概念模型向仿真模型转化的关键和桥梁,如图7.4所示。概念模型主要面向军事专家,主要为了使大家能更多地从概念层面去理解一个系统。而仿真模型则更侧重将概念模型中的要素用计算机语言描述出来,为仿真运行做好模型层面的准备。

图7.4 装备智能化保障体系分布式混合仿真原型系统建模过程

装备智能化保障体系建模与管理模块的具体功能如图7.5所示。

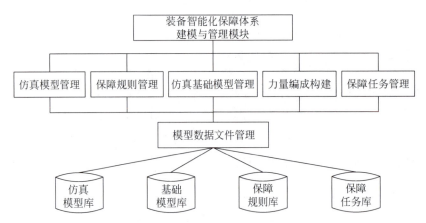

图 7.5 装备智能化保障体系建模与管理模块功能结构[79]

1) 仿真模型管理

仿真模型管理模块的主要功能是装备智能化保障体系中各仿真模型的建立、编辑等[79]。

2) 仿真基础模型管理

仿真基础模型管理的主要功能是支撑仿真运行的各类基础数据模型[79],如图 7.6 所示。

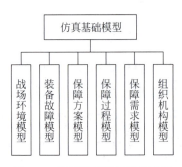

图 7.6 仿真基础数据模型示例

仿真基础模型采用统一的结构进行描述,可以按照离散事件仿真模型的架构从属性、方法、事件和交互等方面来进行定义,如图 7.7 所示。

3) 力量编成构建

力量编成构建模块[79]首先按照层次结构的指挥关系构建逻辑节点,逻辑节点在仿真中不具有实际意义,只表示上下关系。最终形成一个由众多节点组

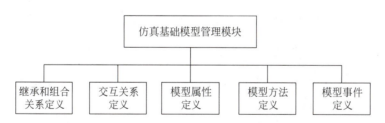

图 7.7　仿真基础数据模型管理模块功能结构

成的组织结构树,在各类仿真实体模型与组织结构节点模型之间建立"隶属"或"包含"的关系,这样就构成了与现实部队体制一样的力量编成。

4) 保障规则管理

保障规则管理[79]主要负责构建保障实体与作战实体之间的服务关系,以及保障的流程等。

5) 保障任务管理

保障任务管理模块[79]主要对保障任务进行计划,包括开始结束时间、保障方式、保障阶段的划分等。

上述功能完成后,即可按照部队指挥流程进行保障体系的构建,如图 7.8 所示。

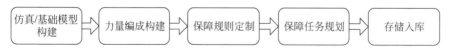

图 7.8　装备体系建模与管理模块运行流程

6) 模型数据文件管理

装备智能化保障实体模型可以采用 XML 语言来描述,由于 XML 的自由定义标签、可标记语言语义、可扩展等优点,使得各种模型的描述、检索、扩展更简单和灵活。

2. 仿真运行管理模块

仿真运行管理模块[79]包括仿真任务的维护、仿真引擎、仿真运行监控等,是混合仿真系统的核心功能之一。仿真运行管理模块在体系结构上采用当前比较成熟和通用的分层服务方式,即将仿真运行管理模块分成三层架构,包括应用服务层,通用服务层和基础服务层,如图 7.9 所示。

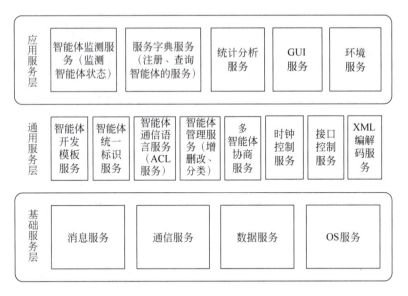

图 7.9　仿真运行管理模块功能结构

基础服务层提供仿真实体间消息封装解析、通信协议、数据采集与存储、操作系统接口等服务,通用服务层提供仿真模型转换、时钟控制、接口控制等服务,应用服务层则提供仿真模型运行监测、统计分析等服务。

3. 态势显示模块

态势显示模块可以将装备智能化保障体系的仿真过程以 2D 的方式显示在 GIS 平台之上,可提供直观的全局态势。与其他仿真模块类似,态势显示模块也可以按照智能体模型的架构设计,从而可以在同一结构下进行通信,省去了格式转换以及通信中转的麻烦。

1) 二维态势显示

可在二维矢量地图上显示各仿真实体、保障场所等保障要素的实时位置、状态以及交互等信息。子模块还包括对 GIS 图层的控制,可对地图进行平移、缩放、标注等操作。

2）二维图标模型库

设计和构建与仿真实体、交互信息、态势信息描述相一致的二维图标库，表征态势场景图。

4. 数据采集模块

基于装备智能化保障体系混合仿真原型系统产生的仿真数据多样性、原始性及实时性的特点，将基于智能体的异构数据采集技术用于数据采集模块，即设计一个或多个数据采集智能体。这种方法能充分发挥智能体主动性和智能性方面的优势，通过智能体之间的通信协议来实现对装备保障体系中用到的多种类型的数据采集，并存储入库，为后续的评估分析做准备。基于智能体的数据采集可以用两种方式来实现，如图7.10所示。一种是主动式，即各个智能体在每个仿真步长推进或自身状态改变时主动将自己的数据发送给数据采集智能体；另一种是被动式，即通过数据采集智能体的询问来获取各个智能体的数据。

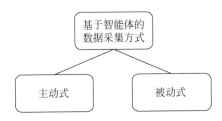

图7.10 基于智能体的数据采集方式

数据采集模块根据装备智能化保障体系的功能，可以在不同的仿真阶段采集不同的数据，以满足体系评估及优化的需要，其功能模块如图7.11所示。

5. 数据管理与分析模块

数据管理与分析模块是对数据采集模块采集到的仿真数据进行统一存储和维护，同时可以对这些数据进行相应的查询和分析，其功能结构如图7.12所示。

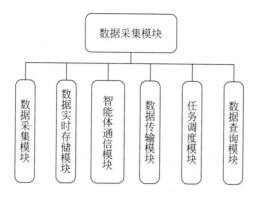

图 7.11 数据采集模块功能模块

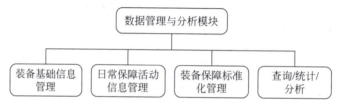

图 7.12 数据管理与分析模块功能结构

7.1.3 系统界面展示

原型系统的开发工具为 Microsoft VS 2012,使用语言为 C#。系统登录的主界面如图 7.13 所示。

将正确的用户名输入"用户名"框,密码输入"密码"框,单击"登录"按钮即可进入系统主界面,如图 7.14 所示。

系统的主界面由功能菜单区、集成化建模区、信息交互区组成。功能菜单主要包括模型模板管理、部队编成管理、保障流程建模等,提供从建模到仿真运行的一体化操作功能。集成化建模区主要包括模型库、部队编成模板、维修保障流程、维修保障关系等界面,可通过图形化界面进行装备智能化保障体系模型的构建。信息交互区主要包括图形化建模窗口、模型列表窗口、模型属性窗口等,可以用直观的图形、列表等显示建模与仿真过程中的数据。

第7章 原型系统与经典案例

图 7.13 原型系统登录界面

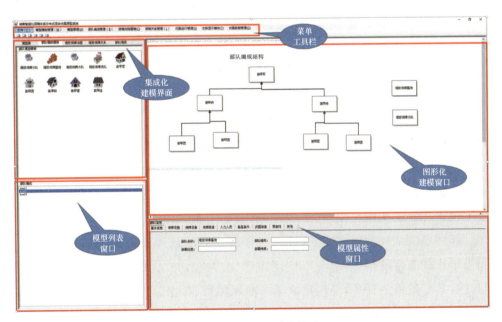

图 7.14 原型系统主界面

当用户需要新开始一个仿真时,可以通过文件菜单中的"新建任务"开始,也可以打开一个已有任务进行编辑,如图 7.15 所示。

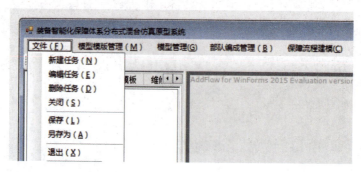

图 7.15 "新建任务"菜单

任务建立成功后,即进入集成化建模过程的操作,系统采用面向对象的思想对模型进行管理,在模型库中提供一些基础模型模板供用户使用,主要包括人力人员模板、保障装备模板、保障设备模板、保障设施模板、备品备件模板、武器装备模板、零部件模板、部队模型模板等,如图 7.16 所示。用户可以从模型模板中选择相应的模型来进行构建仿真建模,并可以编辑相应模型的属性、行动和事件等。

用户还可以自己维护模型模板库,对模板模型进行管理,系统也提供了相应的菜单和功能,系统界面如图 7.17 所示。

在完成基础仿真模型的维护和管理工作后,可以根据这些模型来构建本次任务使用到的仿真模型,包括部队编成、保障流程、保障关系等的构建。部队组织结构的构建如图 7.18 所示。通过新建组织结构节点,为其配备相应的模型来完成整个保障体系的结构构建,最后形成一个树形的部队编成结构,每个节点下包含相应的实例化模型。

部队编成结构构建完成后,可以对作战任务的流程和保障关系进行编辑,相当于作战想定的构建,也可以使用图形化的流程图方式进行,简单描述就是对具有某个流程的任务,使用集成了一些保障资源、保障设备、保障人员的某部队,还定义了谁保障谁来完成任务,如图 7.19 和图 7.20 所示。

图 7.16　模型库界面

　　同时,原型程序还提供了地理信息系统的接口,在装备智能化保障体系仿真推演过程中,可以使用 GIS 来观看仿真的运行过程,GIS 系统使用的是中电 15 所 MGIS 软件,原型系统调用该软件提供的基础 API 接口进行了二次开发。

　　原型系统还提供了仿真数据管理功能,界面如图 7.21 所示。

图 7.17 模型构建界面

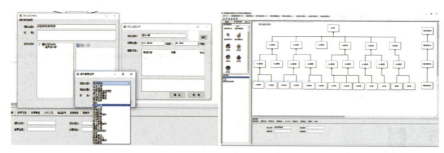

图 7.18 部队编成结构构建界面

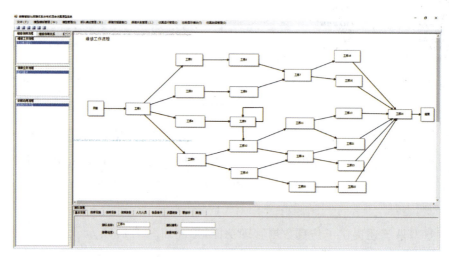

图 7.19 保障流程构建界面

第7章　原型系统与经典案例

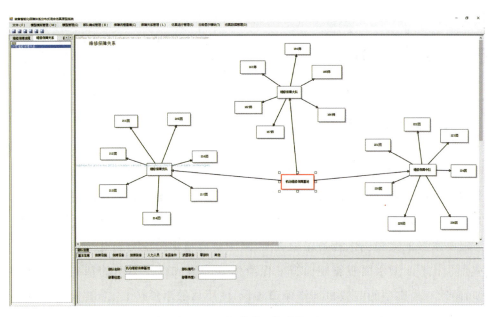

图 7.20　保障关系构建界面

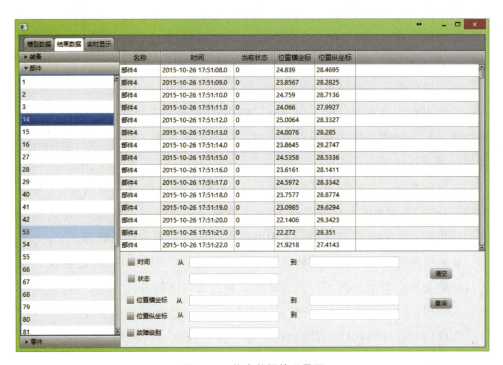

图 7.21　仿真数据管理界面

167

7.2 经典案例

7.2.1 仿真场景

在装备智能化保障体系中,对保障资源的不合理配置会造成严重的后果,资源有可能短缺,也有可能出现严重积压的情况,将直接影响武器装备的战备完好性和机动能力,也将对部队完成作战任务及相关训练产生严重影响。因此一定要精确配置和优化装备保障资源,最大化地将保障能力转化为战斗力。本节在 3.5 节大型水面舰艇舰面智能保障体系的集成建模案例的基础上进行延伸,设计一个典型的舰载机维修保障场景,使用离散事件仿真、多智能体仿真混合的方法对舰载机维修情况、修复时间和备件资源配备情况进行分析。

大型水面舰艇舰面维修保障采用三级维修保障制度[165],根据装备的损毁或故障情况分为基层级、中继级和基地级维修,每级都配有相应的保障设施、设备、人员和备件等。

基层级维修:对应舰面一站式保障站,在保障站进行维修服务。因维修过程中需要用到的资源和时间有限,所以保障站一般提供装备的简单维修和使用维护等。基层级的备件库存只需要保障自己的本级需求,同时将基层级修复的零件储存到备件库中。

中继级维修:对应舰上集中维修中心,相对于舰面维修保障站,由于有更大维修场地,容纳更多的维修人员,因此其维修能力也更强,承担保障站无法完成的维修工作。装备可以在舰上集中维修中心进行中等程度的修理。

基地级维修:对应舰队基地维修中心,具有最强的修理能力,能够执行修理故障装备所必须的任何工作。基地级库存负责本级的备件供应,同时也向中继级库存供应备件,修复的故障件返回库存中,并承担备件的购置任务。

在该维修保障过程中,若舰载机某零件发生故障,则按照保障模式进行如下流程的仿真,如图 7.22 所示。

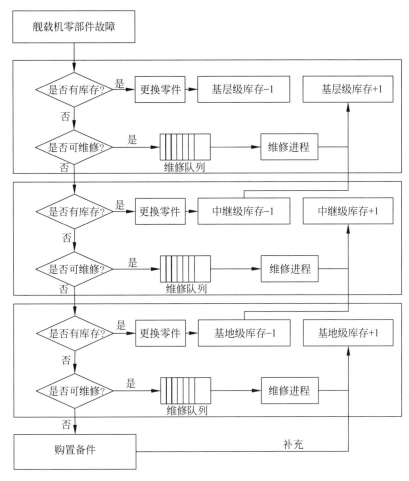

图 7.22　舰载机三级维修保障仿真流程

(1) 首先要将其运送到基层级别的相关维修部门进行维修,若基层级别的库存之中有这个零件的备件,那么立刻更换故障零件;如果没有,则向中继级别的库存申请此备件。

(2) 在该过程中替换下来的故障零件,需要基层级的相关维修部门判断能不能在本级进行修理,若能修理,则进入待修队列,排队等待修理,在维修人员和维修设备处于空闲状态时进入维修,修好之后将修复的零件送往本级储存。

(3) 如果基层级维修部门无法修理该零件,则将这个故障零件运送到中继级别的相关维修部门来进行修理,并且需要在中继级别的库存中将备用的零件领取出来,然后存储在基层级之中。若中继级别的库存中没有这个零件的备件,那么就需要从基地级的库存领取。

(4) 中继级维修部门判断故障备件是否可修,如果可以修理,则进入待修队列,排队等待修理,在维修人员和维修设备处于空闲状态时进入维修,修好之后将修复的零件送往本级存储。

(5) 如果中继级维修部分也无法修理该零件,则要把它送到基地级别的相关维修单位来修理,还需要在基地级维修单位的库存中将备用的零件领取出来,然后存储在中继级中。若基地级的库存中并没有这个零件的备件,那么就需要进行新的采购。

(6) 基地级别的相关维修部门审查故障零件,查看其能否修复。如果能够修复,那么就暂时存放到该级;如果不能修复,那么就进行报废处理,购置新的备件,然后送到本级存储。

7.2.2 仿真实验设计

具体的仿真场景设计如下:整个维修流程按照离散事件进行仿真,离散事件仿真中的舰载机、维修人员、维修设备等仿真实体采用智能体来建模,并对仿真过程中的保障备件等变量进行分析。

1. 装备零部件故障

从图 7.22 可以看出,整个仿真是由装备零部件故障这个事件来驱动的,装备零部件的故障产生跟工作时间或随机事件相关。

常见累积故障概率分布函数有以下 3 点。

1) 指数分布

累积故障指数分布的概率函数一般表示为

$$F(t) = 1 - e^{-\lambda t}$$

其中,λ 为比例参数,即每个单位时间中故障发生的次数,$\lambda = 1/\text{MTBF}$。如果要计算故障前工作时间(Working Time Before Fail,WTBF),则 WTBF 的表达式为

$$\text{WTBF} = F^{-1}(\eta) = -\ln(\eta) \times \text{MTBF}$$

其中,η 为(0,1)上的均匀分布,$F^{-1}(\eta)$ 为 $F(t)$ 的反函数。

2) 威布尔分布

若零部件在发生故障前,其实际运行时间满足参数为 α 和 β 的威布尔分布,则随其比例参数 α 和形状参数 β 的不同取值,可以表达不一样的分布。下面给出了累积故障威布尔分布的概率函数[166]:

$$F(t) = \frac{\beta}{\alpha}\left(\frac{t}{\alpha}\right)^{\beta-1}\exp\left(-\left(\frac{t}{\alpha}\right)^{\beta}\right)$$

对威布尔分布而言,当 $\beta=1$ 时等同于指数分布;当 $\beta=2$ 时等同于瑞利分布;当 $\beta=3.5$ 时可近似表达正态分布。则其故障前工作时间 WTBF 的表达式为

$$\text{WTBF} = \alpha[-\ln(\eta)]^{\frac{1}{\beta}}$$

3) 正态分布

累积故障正态分布的概率函数为

$$F(t) = \frac{1}{\sqrt{2\pi}\sigma}e^{-\frac{(t-\mu)^2}{2\sigma^2}}$$

其中,μ 为均值,σ 为方差。则 WTBF 的表达式为

$$\text{WTBF} = [\sqrt{-2\ln\eta_1}\cos(2\pi\eta_2)]\sigma + \mu$$

2. 零部件可维修性

作为仿真的初始化条件,在确定了装备如何产生故障的问题之后,应该对维修的情况进行分析[167]。一般来说,装备的故障零部件分为可以修理和不可以修理的两个状态,设修复率为 x,则不可修率为 $1-x$。因此,可用以下表达式表达:

$$x = \begin{cases} 1, & \text{故障可维修} \\ 0, & \text{故障不可维修} \end{cases}$$

则有 $P(X=1)=x$,$P(X=0)=1-x$。在(0,1)按均匀分布随机产生一个抽样值 θ。当 $\theta \leqslant x$,则 $X=0$;若 $\theta \geqslant x$,则 $X=1$。

3. 更换零件/维修进程

在离散事件仿真中，类似更换零件、维修进程这类简单的活动可以用一个固定或随机的等待时间来简单模拟，事件完成后对各种状态做出相应的更新。将更换零件时间（Change Department Time，CDT）、维修时间（Repair Time，RT）作为随机变量，其分布函数分别为 $F_{CDT}(t)$，$F_{RT}(t)$，则

$$CDT = F_{CDT}^{-1}(\eta)$$

$$RT = F_{RT}^{-1}(\eta)$$

4. 维修队列

在维修队列的仿真中，一般采用先来后到的原则，先进队列的先维修。复杂的维修进程，将按照零部件的分类、损毁程度、优先级等进行区分，且存在多个维修队列、多个维修工序。维修时间不仅是每道工序的处理时间，还应该加上排队等待的时间。因此，可以在上述各模型的基础上建立起三级维修保障流程的仿真模型，并收集仿真数据，统计并分析在基层级、中继级、基地级三级的一些重要指标，如零部件修复率（Repair Rate，RR）、零部件平均修复效率（Repair Efficiency，RE）、库存率（Store Rate，SR）等，其计算方法如下：

RR＝修好的零部件数量/故障零部件数量

RE＝零部件修理时间/（零部件修理时间＋等待时间＋库存调配时间）

SR＝现有库存/初始库存

7.2.3 仿真实验结果

设置仿真初始化参数，仿真运行时间为 8 天，仿真步长为 1h，装备的零部件发生故障的时间间隔服从指数分布，三级维修机构的初始化参数如表 7.1 所示。

表 7.1　仿真初始化参数设置

维 修 级 别	舰面一站式保障站	舰上集中维修中心	舰队基地维修中心
备件库存率	45%	55%	65%
部件维修率	60%	70%	80%
保障时间分布	Lognormal 分布	Lognormal 分布	Lognormal 分布
参数(_,e)	3,0.6	3,0.6	3,0.6

仿真运行后,可以查看仿真系统中智能体的消息交互时序图,如图 7.23 所示。

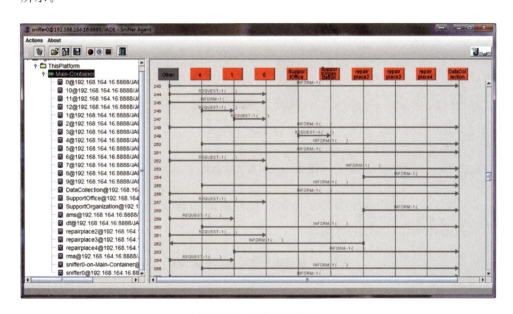

图 7.23　仿真运行时序

查看仿真结果数据,在整个仿真过程中共处理 728 个故障零部件,其中在基层级的平均维修时间为 52.457min,中继级为 32.6547min,基地级为 22.1245min。零部件在基层级等待维修的数量平均为 0.82 个,中继级为 0.16 个,基地级为 0.03 个。直接更换的零部件为 425 个,被修复的为 263 个,不可修复的为 40 个,结果如图 7.24 所示。由仿真结果分析可知,大部分零部件故障可在基层级进行更换处理,因此在基层级排队等待的时间很多,其平均维修时间也最长。中继级和基地级的维修相对较少。因此,在维修保障中,适当加强基层级的能力以及加大各级的备件数量,能从整体上提高修复水平。

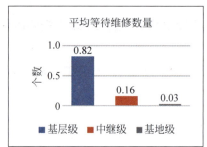

图 7.24 仿真实验结果

针对以上分析,按照表 7.2 重新设置各级的初始化参数,提高基层级的修复率和备件库存,再次运行仿真。

表 7.2 改进的仿真初始化参数设置

维修级别	舰面一站式保障站	舰上集中维修中心	舰队基地维修中心
备件库存率	55%	55%	65%
部件维修率	70%	70%	80%
保障时间分布	Lognormal 分布	Lognormal 分布	Lognormal 分布
参数(_,e)	2,0.1	3,0.6	3,0.6

从图 7.25 中可以看出,加大基层级维修保障能力和各级备件库存后,共完成 836 次维修,平均维修时间和等待维修的零部件数量都有明显减少,整个维修保障体系的保障能力也大大提高了。

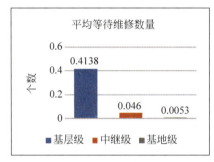

图 7.25　改进参数后的仿真实验结果

7.3　小结

本章基于本书的研究内容,对面向装备智能化保障体系的分布式混合仿真原型系统进行了设计和实现。首先依据提出的集成建模框架和方法对保障体系进行了模型构建,并通过"某大型水面舰艇舰面智能保障体系"的实例验证了建模框架与方法的有效性。其次对分布式混合仿真原型系统进行了构建,分析了原型系统的体系架构和运行流程,设计并实现了系统功能模块。最后通过一个具体的应用案例对原型系统进行了验证,实验结果表明本书研究工作的有效性和合理性,实现了预定目标。

参 考 文 献

[1] 王海峰,王宏亮,阳纯波.航空装备保障智能化发展认识与探讨[J].测控技术,2020,39(12):1-9.

[2] 吴勤.美军分布式作战概念发展分析[J].军事文摘,2016(13):44-47.

[3] 李复名,王丽军,孔磊,等.对"多域战"作战概念的理解与思考[J].电子信息对抗技术,2016,35(5):54-56.

[4] 李磊,蒋琪,王彤.美国马赛克战分析[J].战术导弹技术,2019(6):108-114.

[5] 段鹏飞,樊会涛.从穿透性制空(PCA)看美军《2030年空中优势飞行规划》[J].航空兵器,2017(3):20-25.

[6] 刘兴堂,梁炳成,刘力,等.复杂系统建模理论、方法与技术[M].北京:科学出版社,2008.

[7] 霍兰.涌现[M].上海:上海科学技术出版社,2001.

[8] 谭凤旭,凌芝阳.美军后勤科技装备发展综合研究[M].北京:解放军出版社,2006:56-78.

[9] 翁华明.基于Agent的装备维修保障决策研究[D].长沙:国防科学技术大学,2005.

[10] 陈少将.基于故障预测信息的维修资源优化决策技术与系统[D].长沙:国防科学技术大学,2010.

[11] 朱兴动.武器装备交互式电子技术手册.IETM[M].北京:国防工业出版社,2009.

[12] 徐东.装备综合保障关键技术研究[D].长沙:国防科学技术大学,2006.

[13] Thomas M U. Supply chain reliability for contingency operations [J]. Reliability Maintainability Symposium,2002:61-67.

[14] 张华良,王学智,张东升.基于Smart Client模式的战时装备保障仿真评估系统的设计[J].装甲兵工程学院学报,2004,18(3):46-50.

[15] Cropley David H. 5.4.2 architecting a command and control(C2) system[J]. INCOSE International Symposium,2004,14(1):1032-1045.

[16] Bocast A,Mcdaniel D. The dod architecture framework,volume 1:Overview and concepts,version 2.02[J].2015:1-50.

[17] Bailey I. Brief introduction to MoDAF with v1.2 updates[C]//Enterprise Architecture Frame works,2008 IET Seminar on 2008.

[18] Hannay J E. Architectural work for modeling and simulation combining the NATO architecture framework and C3 taxonomy[J]. The journal of defense modeling and simulation:Application,Methodology,Technology,2017:112-123.

[19] Yang W,Yuan C,Zhao J,et al. Research on weapon and equipment requirement analysis method based on DoDAF[C]//Proceedings of 2019 International Conference on Virtual Reality and Intelligent Systems (ICVRIS 2019) Volume Ⅱ.2019.

[20] Zhu D,Shi X,Ma Z,et al. Research on maintenance support system of civil military integration equipment based on DoDAF[C]//2017 International Conference on Sports,Arts,Education and Management Engineering (SAEME 2017). 2017.

[21] 罗湘勇.基于DoDAF的装备保障任务建模与仿真的验证[J].海军航空工程学院学报,2012,000(5):579-582.

[22] 连云峰,代冬升,连光耀,等.基于DoDAF的装备维修保障能力评估[J].兵工自动化,2020,39(6):49-52.

[23] 曲爱华,陆敏.解读英国国防部体系结构框架 MoDAF1.2[J].指挥控制与仿真,2010,32(1):116-120.

[24] 陆敏,王国刚,黄湘鹏,等.Interpreting NATO Architecture Framework[J].指挥控制与仿真,2010,32(5):117-122.

[25] 钮伟,黄佳沁,缪礼锋.无人机蜂群对海作战概念与关键技术研究[J].指挥控制与仿真,2018:23-25.

[26] 王文峰.装备保障网络优化设计问题研究[D].长沙:国防科学技术大学,2008.

[27] 徐玉国,邱静,刘冠军.基于复杂网络的装备维修保障协同效能优化设计[J].兵工学报,2012(2):118-125.

[28] 赵劲松,刘亚东,伊洪冰,等.复杂网络在装备保障领域的应用研究[J].系统科学学报,2015,v.23;No.92(04):83-86.

[29] 牛云,吴旭光.分布式网络化控制系统优化协同设计[J].计算机测量与控制,2011,19(3):571-574.

[30] 王众托,王志平.超网络初探[J].管理学报,2008,5(1):543-550.

[31] Handley V K,Shea P,Morano M. An introduction to the joint modeling and simulation system(JMASS)[C]//Proceedings of the Fall SimulationInteroperability Workshop. 2000.

[32] Tolk D A. Metamodels and mappings-ending the interoperability war[C]//Pro-ceedings of the Fall Simulation Interoperability Workshop. 2004.

[33] Sargent R G,Mize J H,Withers D H,et al. Hierarchical modeling for discrete event simulation(PANEL)[C]//Proceedings of the 25th Winter Simulation Conference. Los Angeles,California,USA.

[34] Luna J J. Hierarchical relations in simulation models[C]//Proceedings of the 25th Winter Simulation Conference,Los Angeles,California,USA,December 12-15,1993. 1993.

[35] Fishwick P A. Using XML for simulation modeling[C]//Simulation Conference,2002. Proceedings of the Winter. 2003.

[36] Fishwick P A. A modeling strategy for the NASA intelligent synthesis environment[J]. center for space mission architecture and design jet propulsion laboratory,2001:94.

[37] Simulation model design and execution:Building digital worlds[J]. IIE Transactions,1996,28(9):778-780.

[38] 孙宝琛,贾希胜,程中华,等.战时装备保障过程建模仿真研究[J].指挥控制与仿真,2012,34(2):97-100.

[39] 宋昆.基于Petri网的装备保障系统建模与仿真技术研究[D].长沙：国防科学技术大学.
[40] 郭霖瀚,康锐.基本作战单元预防性维修保障过程建模仿真[J].计算机仿真,2007,24(4)：36-39.
[41] 陈博,徐常凯,任佳成.基于MAS的航材保障仿真系统框架研究[J].舰船电子对抗,2018,41,281(5)：41-46.
[42] Banks J,John I I,Nelson B L,et al. Discrete-event system simulation[M]. Prentice Hall,2001.
[43] Gordon,Geoffrey. System simulation second edition[J]. 1985：456-480.
[44] Law A M,Kelton W D,Kelton W D. Simulation modeling and analysis：volume 3[M]. McGraw-Hill New York,2000.
[45] Frazzon E M,Holtz T H,Silva L S,et al. Simulation-based analysis of intelligent maintenance systems and spare parts supply chains integration[J]. Journal of Intelligent Systems,2019,28(1)：31-42.
[46] Meissner R,Rahn A,Wicke K. Developing prescriptive maintenance strategies in the aviation industry based on a discrete-event simulation framework for post-prognostics decision making[J]. Reliability Engineering & System Safety,2021：107812.
[47] Shchur L N,Ziganurova L F. Synchronization of processes in parallel discrete event simulation[J]. Journal of Experimental and Theoretical Physics,2019,129(4)：722-732.
[48] Massimo F,Giovanni A,Francesco P,et al. An HLA-based framework for simulation of large-scale critical systems[J]. Concurrency and Computation Practice and Experience,2016,28(2)：400-419.
[49] Raczy C,Tan G,Yu J. A sort-based DDM matching algorithm for HLA[J]. ACM Transactions on Modeling and Computer Simulation,2005,15(1)：14-38.
[50] 付建林,姜良奎,林蓝,等.基于离散事件仿真的FMS生产策略优化[J].现代制造工程,2020(8)：27-31.
[51] 邓克波,程文迪,雷鸣,等.基于离散事件仿真的防空C^4ISR系统结构评估[J].兵工学报,2014(10)：1721-1728.
[52] 梁洪波,朱卫国,姚益平,等.一种面向大规模HLA仿真的并行区域匹配算法[J].国防科技大学学报,2013,35(3)：84-91.
[53] 秦艳超.基于离散事件仿真的汽车备件仓储系统建模及优化研究[D].武汉：武汉理工大学.
[54] 豆超勇,古平,吴巍屹,等.装备维修保障分队建模与仿真理论方法研究[J].科技与创新,2021(17)：130-132.
[55] 严国强,毛少杰,孔晨研,等.联合作战训练仿真推演引擎技术研究[C]//2020中国系统仿真与虚拟现实技术高层论坛论文集. 2020.
[56] Uhrmacher A M,Tyschler P,Tyschler D. Modeling and simulation of mobile agents[J]. Future Generations Computer Systems,2000,17(2)：107-118.
[57] 史忠植.智能主体及其应用[M].北京：科学出版社,2000.
[58] Rao A S,Georgeff M P. Formal models and decision procedures for multi-agent systems

[J]. Journal of Human Computer Studies,1995(61):1-52.

[59] 廖守亿,王仕成,张金生. 复杂系统基于 Agent 的建模与仿真[M]. 北京:国防工业出版社,2015.

[60] Coleman N,Lin C,Ge J,et al. Intelligent multiagent modeling and decision system for battle-field[C]//Guidance,Navigation,Control Conference and Exhibit. 1999:245-246.

[61] Karsai G,Bloor G,Doyle J. Automating human based negotiation processes for autonomic logistics[C]//Aerospace Conference Proceedings,2000 IEEE. 2000.

[62] Heck F,Laengle T,Woern H. A multi-agent based monitoring and diagnosis system for industrial components[C]//Proceedings of the Ninth International Workshop on Principles of Diagnosis Pages Cape Cod,1998.

[63] Perugini D,Lambert D,Sterling L,et al. Agent-based global transportation scheduling in military logistics[C]//Proceedings of the Third International Joint Conference on Autonomous Agents and Multiagent Systems,2004. AAMAS 2004. 2005.

[64] Petrov P V,Stoyen A D. An intelligent-agent based decision support system for a complex command and control application[C]//IEEE International Conference on Engineering of Complex Computer Systems. 2000.

[65] 由勇,张凤鸣,由俊生. 基于 Agent 的航空维修信息管理框架[J]. 航空工程与维修,2002(5):32-33.

[66] 王吉星,柏彦奇,陈昶轶. 基于 MAS 的装备保障系统仿真体系结构研究[J]. 计算机仿真,2003,20(7):12-14.

[67] 高军,张卓. 基于 MAS 的武器装备供应管理支持系统设计[J]. 军械工程学院学报,2004(1):1-5.

[68] 黄柯棣. 建模与仿真技术[M]. 长沙:国防科技大学出版社,2011.

[69] Zeigler B,Praehofer H,Kim T. Theory of modeling and simulation handbook of simulator-based training creating computer simulation systems:An introduction to the high level architecture[M]. Waltham:Academic Press,2000.

[70] Wu S. Agent-based discrete event simulation modeling and evolutionary realtime decision making for large-scale systems[D]. University of Pittsburgh,2008.

[71] Lee S,Pritchett A,Goldsman D. Hybrid agent-based simulation for analyzing the national airspace system[J]. IEEE,2001.

[72] Sridhar P,Sheikh-Bahaei S,Shan X,et al. Multi-agent simulation using discrete event and soft-computing methodologies[C]//Systems,Man and Cybernetics,2003. IEEE International Conference on 2003.

[73] Gambardella L M,Rizzoli A E,Funk P. Agent-based planning and simulation of combined rail/road transport[J]. Simulation:Journal of the Society for Computer Simulation,2002,78(5):293-303.

[74] Lees M,Logan B,Oguara T,et al. HLA agent:Distributed simulation of agent-based systems with hla[C]//International Conference on Computational Science. 2004.

[75] Gordon M,Trainor B. Cobra Ⅱ:The inside story of the invasion and occupation of Iraq

[J]. Political Science Quarterly,2007,121(3): 163.

[76] Systems and software engineering: Architecture description[EB/OL]. 2011. https://www.iso.org/standard/50508.html.

[77] 梁小安,蒋斌,姚果,等.未来智能化战争条件下装备保障发展趋势探究[J].飞航导弹,2020,424(4):29-32.

[78] 宋建社.装备维修信息化工程[M].北京:国防工业出版社,2005.

[79] 寇力,范文慧,宋爽,等.基于多智能体的装备保障体系建模与仿真[J].中国科学:信息科学,2018,48(7):794-809.

[80] 周扬,曾照洋,周岩,等.航空装备智能保障系统研究[J].航空科学技术,2020,31(229):71-76.

[81] Johnson R. Dynamic complexity in system of systems[M]. The Boeing Company,2007.

[82] 金伟新.体系对抗复杂网络建模与仿真[M].北京:电子工业出版社,2010.

[83] 李建军,任彦,刘翔,等.多视图作战系统描述模型[J].火力与指挥控制,2008,33(2):31-35.

[84] 舒振,刘俊先,易先清,等.基于多视图的复杂信息系统需求开发方法研究[J].计算机工程与设计,2010,31(7):1488-1491.

[85] 陈洪辉.基于多视图的CISR系统需求一致性验证方法研究[D].长沙:国防科学技术大学.

[86] 李剑.基于DoDAF的作战体系结构建模方法[J].兵器装备工程学报,2009,30(7):14-16.

[87] 金伟新,肖田元.作战体系复杂网络研究[J].复杂系统与复杂性科学,2009,6(4):12-12.

[88] 朱涛,常国岑,施笑安.基于复杂网络的作战系统结构研究[J].火力与指挥控制,2008,33:136-137.

[89] 陈丽娜,黄金才,张维明.网络化战争中复杂网络拓扑结构模型研究[J].电光与控制,2008,15(6):4-6.

[90] 刘忠,刘俊杰,程光权.基于超网络的作战体系建模方法[J].指挥控制与仿真,2013,35(3):1-5.

[91] 马力,张明智.作战体系网络化效能仿真分析方法[J].系统仿真学报,2013(S1):301-305.

[92] 朱涛,常国岑,施笑安.基于复杂网络的指挥信息系统拓扑模型研究[J].系统仿真学报,2008(6):1574-1576.

[93] Zachman J A. A framework for information systems architecture[J]. IBM Systems Journal,1987,38(3):276-292.

[94] Kosanke K. Cimosa: Open system architecture for CIM [M]. Springer Berlin Heidelberg,1989.

[95] Group C A W,et al. C^{4}ISR architecture framework version 2.0[M]. 1997.

[96] of Defense of USA D. DoD architecture framework,version 1.5[M]. 2007.

[97] 范玉顺.集成化企业建模方法与系统[M].北京:中国电力出版社,2007.

[98] ShiWan L,Bradford M,Jacques D. The industrial internet of things volume g1: Reference

architecture[C]//Proceedings of the Industrial Internet Consortium (IIC) Technology Working Group. 2017.

[99] Borland S,Vangheluwe H. Transforming statecharts to devs[C]//Summer Computer Simulation Conference (Student Workshop). 2003:154-159.

[100] Kim K H,Seong Y R,Kim T G,et al. Distributed simulation of hierarchical devs models:Hierarchical scheduling locally and time warp globally[J]. Transactions of the Society for Modeling and Simulation International,1996,13(3):135-154.

[101] Vangheluwe H L. Devs as a common denominator for multi-formalism hybrid systems modelling[C]//CACSD Conference Proceedings. IEEE International Symposium on Computer-Aided Control System Design (cat. no. 00th8537). IEEE,2000:129-134.

[102] 曹万华,谢蓓,吴海昕,等. 基于 DDS 发布/订阅中间件的设计[C]//中国造船工程学会电子技术学术委员会会员代表大会暨电子技术学术年会. 2006.

[103] 谢阳杰,吴家铸. 数据分发服务 DDS 的研究[C]//全国第 19 届计算机技术与应用学术会议(CACIS·2008). 2008.

[104] Corsaro A. The data distribution service for real-time systems[M]. 2007.

[105] Sanchez F C,Joshi R,Pardo-Castellote G. Data distribution service and database management systems bridge[M]. US,2009.

[106] Sponsor. IEEE standard for modeling and simulation (ms) high level architecture (HLA)—framework and rules[C]//IEEE Std. 2000:1516-2000.

[107] Javier R. Integration of service robots in the smart home[J]. Intelligent Systems Control and Automation Science and Engineering,2017,53:115-142.

[108] 袁果. 三模冗余系统中的同步研究[D]. 成都:西南交通大学,2008.

[109] 赵沁平,周忠,吕芳. 大规模分布节点的仿真时间同步算法[J]. 中国科学:技术科学,2008,38(8):1139-1156.

[110] 刘步权. 分布式仿真运行支撑平台中时间管理服务的研究[D]. 长沙:国防科学技术大学,2004.

[111] 张中杰. 大规模分布与并行仿真时间管理研究[D]. 长沙:国防科学技术大学.

[112] 欧阳伶俐,宋星,卿杜政,等. HLA 时间管理与 PDES 仿真算法研究[J]. 系统仿真学报,2000(3):237-240.

[113] Macmillan W,Huang H. An agent-based simulation model of a primitive agricultural society[J]. Geoforum,2008,39(2):643-658.

[114] 廖守亿,陈坚,王仕成. 基于 Agent 的分布仿真中的时间同步机制[J]. 计算机应用,2008(9):2360-2362.

[115] Shen W,Norrie D H. Agent-based systems for intelligent manufacturing:A state-of-the-art survey[J]. Knowledge and Information Systems,1999,1(2):129-156.

[116] Shen W,Hao Q,Yoon H J,et al. Applications of agent-based systems in intelligent manufac- turing:An updated review[J]. Advanced Engineering Informatics,2006,20(4):415-431.

[117] 唐树才. 基于扩展 HLA 的协同仿真支撑环境研究[D]. 北京:清华大学,2008.

[118] Monostori L, Váncza J, Kumara S. Agent-based systems for manufacturing[J]. CIRP Annals-Manufacturing Technology, 2015, 55(2): 697-720.

[119] Wang Y C, Usher J M. Application of reinforcement learning for agent-based production scheduling[J]. Engineering Applications of Artificial Intelligence, 2005, 18(1): 73-82.

[120] Bussmann S, Schild K. An agent-based approach to the control of flexible production systems[C]//ETFA 2001. 8th International Conference on Emerging Technologies and Factory Automation. Proceedings (Cat. No. 01TH8597): volume 2. IEEE, 2001: 481-488.

[121] Caridi M, Cavalieri S. Multi-agent systems in production planning and control: An overview[J]. Production Planning & Control, 2004, 15(2): 106-118.

[122] Huang G Q, Zhang Y, Dai Q, et al. Agent-based workflow management for rfid-enabled real-time reconfigurable manufacturing[M]//Collaborative design and planning for digital manufacturing. Springer, 2009: 341-364.

[123] 王学慧. 并行与分布式仿真系统中的时间管理技术研究[D]. 长沙: 国防科学技术大学, 2006.

[124] 姚新宇, 黄柯棣. 基于 HLA 时间管理的实时时间控制和乐观时间同步算法设计[J]. 长沙: 国防科技大学学报, 1999, 21(6): 84-87.

[125] 朱士龙. HLA/RTI 时间管理的研究及技术实现[D]. 西安: 西安交通大学, 2002.

[126] 陈彬. 面向 DEVS 的多范式建模与仿真关键技术研究与实现[D]. 长沙: 国防科学技术大学, 2010.

[127] Aguilar J, Hernández M. Fault tolerance protocols for parallel programs based on tasks replication[C]//International Symposium on Modeling. 2000.

[128] Chen D, Turner S J, Cai W. Towards fault-tolerant HLA-based distributed simulations[J]. Simulation, 2008, 84(10): 493-509.

[129] Ma M, Jin S, Ye C, et al. Dynamic fault tolerance in distributed simulation system[C]//International Conference on Computational Science. 2006.

[130] 苗卿, 丁静, 孔健行. PDES 时间推进中乐观算法的研究与实现[J]. 电脑知识与技术, 2009(5): 1185-1187.

[131] 廖守亿. 复杂系统基于 Agent 的建模与仿真方法研究及应用[D]. 长沙: 国防科学技术大学, 2005.

[132] 黄水松, 於朝晖. 一种最佳二叉排序树的动态检索算法[J]. 武汉大学学报(自然科学版), 2000, 46(3): 293-296.

[133] 朱宇, 张红彬. 平衡二叉树的选择调整算法[J]. 中国科学院大学学报, 2006, 23(4): 527-533.

[134] Zhang Y, Sun G, Zhang Y, et al. A new algorithm of data distribution management for distributed interactive simulation[C]//Intelligent Control and Automation, 2004. WCICA 2004. Fifth World Congress on. 2004.

[135] Barros F J. Modeling formalisms for dynamic structure systems[J]. ACM Transactions on Modeling and Computer Simulation, 1997, 7(4): 501-515.

[136] 裘楷,沈栋,李娜,等.基于DCPS模型的数据分发服务DDS的研究[J].电子科技,2006,000(11):68-71.

[137] 钱哨.基于DDS的飞机协同设计数据分发系统的设计与实现[D].南京:南京航空航天大学.

[138] Van Hook D J,Calvin J O. Data distribution management in RTI 1.3[C]//Proceedings of the 1998 Spring Simulation Interoperability Workshop:98SSIW-206.1998.

[139] Hyett M,Wuerfel R. Implementation of the data distribution management services in the RTing[C]//Proceedings of the Simulation Interoperability Workshop:volume 1.2002:2.

[140] Pan K,Tang X,Cai W,et al. Hierarchical interest management for distributed virtual environments[C]//Acm SIGSIM Conference on Principles of Advanced Discrete Simulation.2013:137.

[141] Tan G,Zhang Y,Ayani R. A hybrid approach to data distribution management[C]//IEEE International Workshop on Distributed Simulation and Real-time Applications.2000.

[142] Kalashnikov D V,Prabhakar S,Hambrusch S E. Main memory evaluation of monitoring queries over moving objects[J]. Distributed and Parallel Databases,2004,15(2):117-135.

[143] Macedonia M R,Brutzman D P,Zyda M J,et al. Npsnet:A multi-player 3D virtual environment over the internet[C]//Proceedings of the 1995 symposium on Interactive 3D graphics.1995:93-125.

[144] Greenhalgh C. Massive:A collaborative virtual environment for teleconferencing[J]. ACM Transactions on Computer-Human Interaction,1995,2(3):239-261.

[145] Baumgartner J. Getting into the (multiplayer) game:Developers,publishers aim to make the connection with cable[J]. Communications Engineering & Design,2004:357-378.

[146] 贺毅辉.作战模拟基础[M].北京:国防工业出版社,2012.

[147] Bolling R H. The joint theater level simulation in military operations other than war [C]//Winter Simulation Conference Proceedings,1995. IEEE,1995:1134-1138.

[148] Carlsson C,Hagsand O. Dive—a platform for multi-user virtual environments[J]. Computers and Graphics,1993,17(6):663-669.

[149] 杨妹,许霄,彭勇,等.一种基于部分重同步机制的运动建模研究[J].系统仿真学报,2017,29(9):1880-1885.

[150] 延耀威.基于HLA的数据分发管理算法的研究与实现[D].太原:山西大学.

[151] 孙文俊,冯燕,张宏宇.基于DDS的实时信息交换平台研究[J].指挥信息系统与技术,2011,2(1):49-53.

[152] Liu E S,Theodoropoulos G K. Interest management for distributed virtual environments: A survey[J]. ACM Computing Surveys (CSUR),2014,46(4):1-42.

[153] Van Hook D J,Rak S J,Calvin J O. Approaches to relevance filtering[C]//11th DIS Workshop. Citeseer,1994:367-369.

[154] Amos,Olagunju. Space-time matching algorithms for interest management in distributed virtual environments[J]. Computing Reviews,2014.

[155] Yu X,Pu K Q,Koudas N. Monitoring k-nearest neighbor queries over moving objects[C]//Data Engineering,2005. ICDE 2005. Proceedings. 21st International Conference on. 2005.

[156] Yu J,Raczy C,Tan G. [IEEE Comput. soc 16th workshop on parallel and distributed simulation-washington,dc,usa (12-15 may 2002)] proceedings 16th workshop on parallel and distributed simulation-evaluation of a sort-based matching algorithm for ddm[J]. 2002: 62-69.

[157] Ke P,Turner S J,Cai W,et al. An efficient sort-based DDM matching algorithm for HLA applications with a large spatial environment[C]//International Workshop on Principles of Advanced and Distributed Simulation. 2007.

[158] Fujimoto R. Parallel and distributed simulation[C]//2015 Winter Simulation Conference (WSC). IEEE,2015:45-59.

[159] Liu E S,Theodoropoulos G K. Space-time matching algorithms for interest management in distributed virtual environments[J]. ACM Transactions on Modeling and Computer Simulation,2014,24(3): 511-523.

[160] Cohen J,Lin M,Manocha D,et al. An interactive and exact collision detection system for large scale environments[C]//ACM Interactive 3D Graphics Conf. 189-196.

[161] Peng Y,Yang M,Yin Q,et al. An accurate interest matching algorithm based on prediction of the space-time intersection of regions for the distributed virtual environment[C]//volume 68. Elsevier,2016:54-79.

[162] Hanawa D,Yonekura T. A proposal of dead reckoning protocol in distributed virtual environment based on the taylor expansion[J]. 2006:107-114.

[163] Yu J,Raczy C,Tan G S H. Evaluation of a sort-based matching algorithm for ddm. [C]//IEEE. 2002.

[164] 陈成. 飞行甲板航空保障系统配置对出动架次率的影响研究[D]. 哈尔滨:哈尔滨工程大学.

[165] 崔长崎. 21世纪空袭与反空袭[M]. 北京:解放军出版社,2002.

[166] 周家启,黄雯莹. 工程系统可靠性评估:原理和方法[M]. 重庆:科学技术文献出版社重庆分社,1988.

[167] 丁笑亮,武昌,毛玉泉,等. 基于 ARENA 的战场抢修流程仿真[J]. 火力与指挥控制,2010 (S1):15-17.